DIE KLEINASIATISCH-SYRISCHEN KULTE
ZUR RÖMERZEIT IN UNGARN

ÉTUDES PRÉLIMINAIRES
AUX RELIGIONS ORIENTALES
DANS L'EMPIRE ROMAIN

PUBLIÉES PAR

M. J. VERMASEREN

TOME SECOND

ZOLTÁN KÁDÁR

DIE KLEINASIATISCH-SYRISCHEN KULTE
ZUR RÖMERZEIT IN UNGARN

LEIDEN
E. J. BRILL
1962

Luna aus dem Dolichenum von Brigetio

ZOLTÁN KÁDÁR

DIE
KLEINASIATISCH-SYRISCHEN
KULTE ZUR RÖMERZEIT
IN UNGARN

MIT EINEM FRONTISPIZ, 8 TAFELN UND EINER KARTE

LEIDEN
E. J. BRILL
1962

DIE KLEINASIATISCH-SYRISCHEN KULTE ZUR RÖMERZEIT IN UNGARN

Im verhältnismäßig reichen Denkmalmaterial des Isis-Kultes in Pannonien finden sich nur selten Gegenstände die mit ursprünglich orientalischem Volkstum in Verbindung gebracht werden können. Ob und wie weit dies auch für die asiatischen und besonders die syrischen Kulte gilt, soll im folgenden erörtert werden. Zu diesem Zweck sollen die von Dobiáš aufgestellten drei Möglichkeiten des Eindringens orientalischer Kultur näher betrachtet werden, nämlich: 1) das langsame vordringen syrischer Kaufleute, 2) die Vermittlerrolle der im privaten und öffentlichen Dienst stehenden orientalischen Sklaven und Freigelassenen, sowie 3) der Einfluß der in den Donauprovinzen stationierten, aus Orientalen sich rekrutierenden Militäreinheiten in ihrem Zusammenhang mit der Entstehung der zu untersuchenden Kultdenkmäler. Alle drei Arten der Infiltration orientalischer Kultur sind bedeutsam für die Entstehung der zu untersuchenden Kultdenkmäler [1]. Seit der Zeit der Severus-Dynastie spielen auch die ihr angehörigen orientalischen Kaiser eine große Rolle in der Verbreitung syrischer Kulte. Selbstverständlich dürfen auch die religionspsychologischen Momente, die an der Verbreitung der asiatischen und besonders der syrischen Kulte mitgewirkt haben mögen, nicht unbeachtet gelassen werden.

Im Buche des V. Wessetzky [2] wurde auf die grosze Bedeutung hingewiesen, die dem Isiskult in Aquincum, dem Hauptsitz von Pannonia Inferior, um die Wende des II. und III. Jahrhunderts zukam. Trotz der Bedeutsamkeit dieses Kultes ist eine Schilderung seines völkischen Hintergrundes wegen des Fehlens diesbezüglicher Inschriften nicht möglich. Dessungeachtet spricht nichts gegen Mócsy's Behauptung: ,,Sicherlich waren die orientalischen Freigelassenen der italischen Handelshäuser Träger orientalischer

---

1) J. Dobiáš, *Orientální vlivy rimskem podunají*, Praha, 1928, 27.
2) V. Wessetzky, *Die ägyptischen Kulte zur Römerzeit in Ungarn*, Leiden 1961.

Kulte und Kulturelemente, beispielsweise die kilikischen und alexandrinischen Freigelassenen" ¹). Er setzt das Bestehen dieses Zustandes schon in der Zeit vor den Markomannenkriegen voraus. Gewiß ist die spätere Verbreitung z. B. der syrischen Kulte denselben Elementen zuzuschreiben, obwohl die Rolle der *legio II adiutrix* ²) nicht bezweifelt werden kann, wenn auch keine der mit Bestimmtheit als Orientalen identifizierten Soldaten sich unter den Anhängern der orientalischen Kulte befinden ³). Überraschend wirkt es auch, daß im Inschriftenmaterial der in Aquincum angeworbenen Mitglieder der *ala I Itureorum* ⁴), der *cohors miliaria nova Severina Surorum sagittariorum Antiochiensium* ⁵) selbst der Sagittariergruppe von Intercisa (*cohors miliaria Hemesanorum Surorum sagittariorum*) ⁶) bisher kein einziges einer orientalischen Gottheit geweihtes Denkmal zum Vorschein gekommen ist. Allerdings lassen sich auch unter den übrigen Inschriften zivilen Charakters ⁷) keine mit den orientalischen Kulten zusammenhängenden Denkmäler nachweisen. Die Seltenheit der Belege bedeutet aber durchaus nicht, daß die orientalischen Kultdenkmäler von Aquin-

1) A. Mócsy, *Die Bevölkerung von Pannonien bis zu den Markomannenkriegen*, Budapest, 1959, 102. Vgl. noch für die allgemeinen pannonischen Beziehungen A. Mócsy, 103; vgl. noch unten unsere Bemerkungen im Zusammenhang mit dem sozialen Hintergrund der syrischen Kulte.

2) Z.B. CIL III 3462; P. Merlat, *Jupiter Dolichenus*, Paris 1960, 12.

3) CIL III 10497 = A. Mócsy, Nr. 185, 1 (aus Ankyra); CIL III 10499 = A. Mócsy, Nr. 185, 2 (ebenfalls aus Ankyra); A. Mócsy, Nr. 185, 8: *domo Syria Palestina Coloniae Capitolinae*; CIL III 13372 = A. Mócsy, Nr. 185, 9 (Aus Admedera).

4) CIL III 3446.

5) Vgl. L. Nagy in *AÉrt.* 52, 1939, 117 ff.

6) CIL III 10315, 10316; vgl. A. Alföldi, *Budapest története*, Budapest 1942, I, 1, S. 316 u. 348, Anm. 327.

7) Inschriften orientalischer Bürger mit Angabe des Abstammungsortes in Aquincum: A. Mócsy, Nr. 186, 11 (aus Kilikien); CIL III 1053 = A. Mócsy, Nr. 186, 26 (aus Alexandrien); V. Kuzsinszky, *Aquincum, Ausgrabungen und Funde*, Budapest, 1934, 66, Nr. 282: *domo Antiochiae Suriae*; V. Kuzsinszky, 66, Nr. 281: *Publia Surilla*; V. Kuzsinszky, 182 f, Nr. 418 (Epictetus, Freigelassener eines Zenturionen von Samosata); CIL III 3490: *Surus ex regione Dolica*, doch weiht er den Altar 228 der lokalen Gottheit Silvanus! Vgl. noch CIL III 3601 = A. Mócsy, Nr. 186, 28: *Marcia Meroe*; weiter CIL III 3688: *Mariae Judeae*, letzte nach S. Scheiber, *Corpus Inscriptionum Hungariae Judaicarum*, Budapest 1960, 22 f (aus Siklós); vgl. zu alledem A. Alföldi, *o.c.*, 315 ff.

cum in keinem Zusammenhang mit den hiesigen Orientalen gestanden hätten [1]). Diese Denkmäler zeugen für die Rolle des syrischen Elements in Aquincum, und allein schon diese Tatsache ist von Wichtigkeit als Beleg für den Kult der orientalischen Religionen in Aquincum. Aller Wahrscheinlichkeit nach hatte die Stadt auch eine geschlossene syrische Kolonie [2]), was, wie man sehen wird, nicht ohne Einfluß auf das Kultleben der Stadt geblieben sein konnte.

Seltsamerweise wurde der einzige glaubhafte Beweis für die Existenz kleinasiatischer Kulte in der Umgegend von Aquincum nicht in dieser Stadt, sondern am Gellérthegy (Blocksberg) von Buda, also nicht in der Römerstadt selbst, sondern in der hier ansässigen Eraviskerkolonie gefunden [3]). Es ist das eine einfache Votivtafel lediglich mit der Dedikation *M.d.M.*, ohne sonstige Inschrift [4]). T. Nagy meint, daß die sorgfältig ausgeführten Buchstabentypen auf das II. Jahrhundert deuten [5]). Bekanntlich ist Magna Deum Mater oder Kybele die erste im großen Pantheon orientalischer Gottheiten, deren Kult sich, besonders seit der Zeit des Hadrian, mit dem Kaiserkult verflochten hat [6]). Der Kult am Gellérthegy in Buda hängt jedoch mit dem Lokalkult der Eravisker zusammen. Das Heiligtum der auf dem Berggipfel verehrten Göttin stand wahrscheinlich auch am Gellérthegy, diesem „Mons Vaticanus" des hiesigen Kultes. Hier verschmolz ihre Verehrung, wie dies ja auch im Rheinland der Fall war, mit dem Kult der einheimischen Göttermutter [7]). Die Verehrer des Attis, des Paredros der Magna

1) Ähnliche Möglichkeiten s. unten im Falle von kultischen Leben in Savaria.

2) Vgl. L. Nagy, in *Bud. tört.*, I (2), 665.

3) CIL III 3471; A. v. Domaszewski, *Magna Mater in Latin Inscriptions* in *JRS* I, 1911, 54 ff; T. Nagy, *Valldsi élet Aquincumban (Das religiöse Leben in Aquincum)* in *Bud. tört.* I (2), 426.

4) Mommsens Bemerkung: „*reliqua pars tabulae scripta non est*" (ad CIL III 3471).

5) T. Nagy, *o.c.*, 426.

6) M. Bernhart, *Handbuch zur Münzkunde der römischen Kaiserzeit*, Halle (Saale) 1926, *Textband*: 58; in provinzialer Beziehung z. B. die Inschriften von Lugdunum (vom Jahre 160-197): CIL XIII 1751-1754 = ILS 4132-4134; für den „lokalen" Mons Vaticanus siehe: CIL XIII 1751 = ILS 4131.

7) T. Nagy, 427. Über die Verbindung der einheimischen Muttergöttinnen mit der orientalischen Magna Mater Deum siehe: H. Lehner, in *BJ* 125,

Mater, sammelten sich auch hier vorzüglich im *collegium dendro-phororum*, dessen zwei Denkmäler aus der Bürgerstadt bekannt sind. An der Spitze des einen ist ein Tannenzapfen angebracht [1]). Der Tannenzapfen ist bekanntlich ein Symbol des Attis und ein oft wiederkehrendes Symbol in der Gräberkunst von Aquincum [2]), woraus man allerdings nicht immer auf eine direkte Verehrung der Gottheit von seiten des Stifters schließen darf. Jedenfalls deutet dieses Symbol auf die Durchdringung des lokalen Kultlebens von Aquincum durch diesen kleinasiatischen Kult hin. Ähnlich erklärt sich das häufige Vorkommen des trauernden, auf das Pedum gestützten Attis mit der Phrygermütze auf Sarkophagen und Grabaediculae in Aquincum [3]).

Die im westlichen Reichsteile, also auch in Aquincum auffind-baren Löwenornamente sind ebenfalls ein Zeichen der Kybele-Attisverehrung. Oft erscheint auch ein bärtiger Männerkopf [4]), gleich

1919, 123 ff; Derselbe in *Germania* 4, 1920, 63 ff; Derselbe in *BJ* 129, 1924, 46 ff; Keune, *Salvennae* in *PWRE*, 2015; Heichelheim, *Matres* in *PWRE* XIV, 2249; weiter H. Hepding, *Attis, seine Mythen und sein Kult*, Gieszen, 1903 169 ff; vgl. noch T. Nagy, 457, Anm. 468-470.

1) L. Nagy in *AÉrt.* 50, 1937, 93, Anm. 6; V. Kuzsinszky, *o.c.*, 71, Nr. 401; T. Nagy, *o.c.*, 427 weiter S. 457, Anm. 475, wo außer dem vorher-gehenden auch ein unveröffentlichtes Grabsteinfragment erwähnt wird.

2) Vgl. A. Brelich, *Aquincum valldsos élete (Das religiöse Leben in Aquin-cum)*, *Laureae Aquincenses*, I (*Diss. Pann. II,* 10) 1938, 131 ff; T. Nagy, 428 ff; A. Alföldi in *Bud. tört.* I, 437. Es ist bemerkenswert, daß in Aquin-cum der als lokale Gottheit verehrte Silvanus oft mit der Phrygermütze nach Art des Attis erscheint. Gleichfalls hat T. Nagy recht, wenn er hinter dem oben erwähnten Harta-Silvanus aus Doliche eine orientalische Wald-gottheit vermutet (T. Nagy, *o.c.*, 390). Eine charakteristische Darstellung des Silvanus mit der Phrygermütze z.B.: *Bud. tört.* I (2), LVII, Abb. 4. In diesem Kreis müssen auch die Gräberpyramiden mit dem Pinienzapfen gerechnet werden: V. Kuzsinszky, *o.c.*, 214, Nr. 303-304, Abb. 149.

3) Der trauernde Attis auf Sarkophagen: z.B. V. Kuzsinszky, 67, Nr. 214, Abb. 24; Statue des trauernden Attis: 93, Nr. 26, Abb. 41; Attis am Türpfosten: 179, Nr. 377; am Pfeiler: 181, Nr. 181. S. noch z.B. B. Kuz-sinszky in *Bud. Rég.* 7, 1900, 45 ff, Nr. 37-39, Abb. usw.; T. Nagy in *Bud. Rég.* 15, 1950, 373 ff; 387.

4) Z. B.: V. Kuzsinszky, *Aquincum*, 157, Nr. 250, Abb. 124; vgl. dazu die auf einem Grabgebäude zwischen Pinienzapfen erscheinende Maske: Kuz-sinszky, 191, Nr. 237 = *Bud. Rég.* 9, 1906, 60,Nr. 35 = *Bud. tört.* I (2), LXX, 1 (die Pinienzapfen fehlen, nur die Löcher, wo sie eingefügt gewesen waren sind vorhanden). Für die sepulchrale Bedeutung des Attis s. noch die großartige Seitenwanddarstellung der Grabkapelle von Szentendre: *Bud. tört.* I (2), LXIX, 4.

demjenigen, auf den die Attis-Statue im Phrygianum von Rom den linken Arm stützt[1]). Dieser Kopf ist vielleicht eine Darstellung des phrygischen Zeus Idaios.

Wie im kleinasiatischen Pessinus der Kybele-Attis, so steht im syro-phönizischen Byblos der semitischen Ba'alat (Herrin) der jugendliche Adonis zur Seite. Ähnlich wie im Kulte des Attis stehen die Adonis-Feste in engstem Zusammenhang mit dem Totenkult. Obwohl das traurige Los des Attis auch vom Ovid *Met.*, x, 104f besungen wurde, ist seine Verehrung in den westlichen Provinzen doch eine Seltenheit. Gerade deshalb verdient besondere Beachtung jene in Aquincum aufgefundene Inschrift, die dem Adonius (*Adonio*) von *Sep(timia) Marcella et Sepi(imius) Silv(anus) et Sept(imius) Marcianus*[2]) geweiht war. Zu beiden Seiten des Altars, dessen Abacus mit stilisiertem palmettenartigen Ornament und dessen Echinus mit einer Reihe zweifingeriger Blätter geschmückt ist, steht je eine opfernde Männergestalt. Da der Kult des Adonis besonders unter den Frauen verbreitet war, versteht es sich von selbst, daß der Name der Frau an erster Stelle in der Dedicatio steht[3]). Die Stifter des Denkmals haben das Bürgerrecht gewiß zur Zeit des Septimius Severus erhalten; ob sie aber selbst Orientalen waren oder zur einheimischen Bevölkerung gehörten[4]), läßt sich nicht mehr mit Sicherheit entscheiden. Typus und Ausführung des Altars, Form und Aufstellung der Buchstaben beweisen, worauf schon das *nomen gentilicium* hinweist, daß nämlich das Denkmal aus der Zeit der Severi stammt.

Das Auftreten der Göttin Baltis ist eine besondere Merkwürdig-

1) J. Leipoldt, *Die Religionen in der Umwelt des Urchristentums*, in H. Haas, *Bilderatlas zur Religionsgeschichte* (9-11 Lief.), Leipzig-Erlangen 1926, Abb. 145. Dieses Problem soll im Zusammenhang mit Savaria noch weiter erörtert werden!

2) CIL III 10392; Gy. Veidinger, *A keleti vallások emlékei Pannoniában* (*Denkmäler der orientalischen Religionen in Pannonien*), Budapest 1930, Nr. 125; T. Nagy in *Bud. tört*, I (2), 429, die Abb. ebd. LXII, t. 5.

3) T. Nagy, *l.c.* Über den Kult des Adonis u.a.: K. Prümm, *Religionsgeschichtliches Handbuch für den Raum der altchristlichen Umwelt*, Freiburg im Br. 1943 *passim*, hauptsächlich 264 ff; F. Nötscher, *Adonis* in Th. Klauser, *Reallexikon f. Antike u. Christentum* (Lief. 1.) 1941, 94 ff; P. Lambrechts, *La „résurrection" d'Adonis* in *Mél. Is. Lévy* 1953, 1 ff.

4) T. Nagy, *o.c.*, 458, Anm. 488; L. Barkóczi in *Acta Antiqua Acad. Scient. Hung.*, VII (fasc. 1-3), 1959, 171.

keit der orientalischen Kulte von Pannonien [1]). In der Nähe der
Bürgerstadt, auf einer Bergseite, nahe an einem kleinen See wurde
um die Mitte des vorigen Jahrhunderts eine Inschrift gefunden, die
von der Stiftung eines den Göttinnen *Balti deae divinae et Diasuriae*
geweihten Tempels Kunde gibt [2]). Vom Stifter selbst ist nicht viel
bekannt, der Name *T(itus) Fl(avius)* ist sowohl vom Standpunkt
der Herkunft wie auch der sozialen Stellung nichtssagend. Die
Inschrift selbst ist verhältnismäßig einfach, die Ausführung der
ziemlich kleinen länglichen Lettern primitiv. Wahrscheinlich
stammt sie — in Übereinstimmung mit den Feststellungen der
früheren Forschung — aus dem II. Jahrhundert [3]).

Das Problem des gemeinsamen Auftretens der beiden syrischen
Göttinnen in Aquincum erklärt sich am besten aus dem ihnen
ebenda geweihten mit Reliefs verzierten Denkmal. Die große
(105 × 109 cm) Tafel besteht aus zwei Flächen, ist aber leider
fragmentarisch. Oben, in der Mitte, in einer vertieften, eingerahmten Nische steht Jupiter auf einem Postament in Stirnansicht, in der herunterhängenden Rechten einen Donnerkeil, mit
der Linken auf ein Zepter gestützt; zu seinem rechten Fuß sitzt ein
Adler. Rechts von ihm, auf der Linken Seite der Tafel, erscheint
in ähnlicher Weise, in einer Nische, auf einem Postament, in
Stirnansicht stehend, eine in ein Gewand gehüllte Frauengestalt,
auf dem Kopf ein Türmchen, in der erhobenen Rechten die Spindel,
in der herunterhängenden Linken den Rocken. Auffallenderweise
ist die Göttin größer als Jupiter. Im Felde zwischen den beiden
Gottheiten, unter der eingerahmten Inschrift, schreitet ein mäch-

---

1) Zur Baltis: Cumont in *PWRE* II, 2842: ,,Das Wort bedeutet bloß
Herrin, ... und bedarf einer Ergänzung, welche gewöhnlich ein Ortsname
ist. So heißt die Göttin, welche Philo u. Ps. Meliton einfach B. nennen,
eigentlich Ba'alath Gebal, ,,Herrin von Byblos .. ''. Aber in dem gewöhn-
lichen Gebrauch ließ man diese nähere Bezeichnung beiseite, den Einwohnern
von jeder Kultstätte war ihre Göttin die B. κατ' ἐξοχήν, die nannten sie
einfach ihre Herrin Baltis syr. בלתי von בעלתי ''meine Herrin'.''

2) Publ.: Fl. Rómer in *AÉrt.* 5, 1871, 333 ff = CIL III 10393 = ILS
4277. Dessau bemerkt: *reliqua videntur scripta fuisse in alio lapide.* Statt
Deae Syriae; Diasuriae, vgl. CIL III 10964 (Környe); ILS 4280 (Roma).
Zeichnung der Inschrift: Rómer-Desjardins, *Inscriptiones monumentorum
romanorum eiusdem Musei Nationalis in Budapest,* Budapest 1873, Nr. 47.

3) T. Nagy, 429.

tiger, der Göttin fast gleich großer Löwe nach rechts; auf der fragmentarischen rechten Seite erscheint eine mit dem Löwen parallel
liegende Sphinx (?) mit fein gearbeiteten Flügeln und stark betonten
Brüsten. Von den beiden einander ergänzenden Inschriften ist nur
Deae Syri et . . . . ae pro salu . . . . . . zu lesen. Auf dem unteren
Teile der Inschriftentafel befindet sich neben dem oben in einer
Blume, in der Mitte in einem Blatt und unten in einem Adlerkopf
endenden Peltaornament die Inschrift des Stifters *C. Iul. Sextinus
conductor ex decr. ordin. k. secund. conduct. arcum cum ianuis tegula
tectum inpendis suis fecit mag. Iul. Viatore et Belli[c]io Firmino
l.p.d.d.d.* [1]) (Taf. I. Abb. 1).

Die erste Frage, die sich bei Betrachtung dieser nicht nur vom
Standpunkt der provinzialen, sondern auch der Religionsgeschichte
des ganzen Reiches am beispiellos interessanten Inschrift aufdrängt,
ist die nach den Gottheiten, die auf dem Denkmal abgebildet sind,
mit anderen Worten: wem war dieses geweiht? Die Lösung dieses
Problems ist unserer Meinung nach nur durch die gemeinsame
Untersuchung der ikonographischen und epigraphischen Gesichts-
punkte möglich, und das diesbezügliche orientalische Denkmalmaterial muß in Einklang mit dem Problem der interpretatio
romana gebracht werden.

Das Denkmal war nicht zwei, sondern drei Gottheiten geweiht,
obgleich nur die beiden Inschriften über den Göttinnen erhalten
sind und auch von diesen die eine nur unvollständig. Die Darstellungen umfassen jedoch drei Gottheiten, und zwar derart, daß die
männliche Gottheit mit ihrem Tier-Attribut in derselben Nische
figuriert, wogegen die Tiersymbole der weiblichen Gottheiten in
abgesonderten Nischen unter jenen dargestellt sind. Die Komposition der beiden erhaltenen Göttergestalten bildet eine volkommene
Einheit: Beide stehen auf Postamenten, in aedicula-artigen Nischen,
Jupiter blickt nach links, die Frauengestalt nach rechts, wodurch
sich ihre Zusammengehörigkeit auch künstlerisch auf das Vollkommenste offenbart.

1) Erste Publikation in deutscher Sprache: V. Kuzsinszky, *Aquincum*,
99 ff, Nr. 363, Abb. 100 (S. 47): ,,Gefunden am Südende der zur Altofner
Gasfabrik gehörenden Arbeiterkolonie." Vgl. J. Szilágyi in *Bud. Rég.* 14,
1945, 465. — Teilaufnahme (Göttin Syria): J. Szilágyi, *Aquincum*, Taf.
XLIII, links.

Religionsgeschichtlich läßt sich die „Verkuppelung" des Jupiter mit der Dea Syria aus den syrischen Kulten der römischen Kaiserzeit erklären. Von den syrischen Hauptgöttern, den Baals, genoß im hellenistisch-römischen Religionsleben Hadad eine besondere Verehrung, der in seinen wichtigsten Kultzentren Heliopolis und Hieropolis — Bambyke mit Jupiter identifiziert wurde [1]). Beiden Gestalten schlieszt sich als paredros je eine lokale Variation der Atargatis an, die als Dea Syria erscheint und Züge von Juno und von Venus trägt [2]). Eine Abbildung der syrischen Trias ist im okzidentalen Denkmalmaterial einzig in Rom zu finden. Es ist dies das Relief, das im Museo Nazionale delle Terme aufbewahrt wird, und von dem leider nur der obere Teil vorhanden ist [3]). In der Mitte des Reliefs steht eine männliche Gottheit im gepanzerten Militärgewand in Stirnansicht. Am Kopfe trägt sie den trichterartigen Kalathos, in der Rechten die Peitsche. Dem Gott zu beiden Seiten erblickt man die Büsten zweier ebenfalls mit dem Kalathos bedeckter Gottheiten. Die Gottheit rechts trägt einen Schleier, die auf der linken Seite hat die Haare lang herunterhängend, zeigt auf dem Gewand aber einen Greifvogel. Die Forschung hält diese Darstellung für eine Abbildung der Trias von Heliopolis, da Jupiter Heliopolitanus auf den im Westen ans Licht geförderten Denkmälern ebenso wie auf denen im Orient stets in Militärkleidung (oft palladionartig) [4]) dargestellt wird, während Jupiter Hiero-

---

1) Vgl. A. B. Cook, *Zeus, A study in ancient religion*, Cambridge, I, 1924, 582 ff; vgl. 549 ff; *ibidem*, III (part II) 1925, 983, Anm. 7; Dussaud, *Hadad* in *PWRE* VII, 2157 ff, bes. 2162 ff, zum Vergleich unserer Inschrift mit der *Diis Syris* geweihten Inschrift von Salona (CIL III 1961 = ILS 4282); zur Analogie Jupiter-Hadad: CIL VI 117, 399 (Roma), vgl. Dussaud, *o.c.*, 8162 ff; Derselbe, *Heliopolitanus* in *PWRE* VIII, 50 ff; O. Eissfeldt, *Tempel und Kulte syrischer Städte in hellenistisch-römischer Zeit*, Leipzig 1941, 46 ff,

2) Vgl. A. B. Cook, *Zeus* I, 582 ff; Cumont, *Dea Syria* in *PWRE* IV, 2842 ff; Dussaud, *Heliopolitanus* in *PWRE* VIII, 54; O. Eissfeldt, *o.c.*, 51 ff.

3) H. Seyrig in *Syria*, X, 1929, 325 ff, Taf. LXXXXII, Abb. 2; die Literatur bezügl. der Heliopolitanus-Darstellungen s. ebda s. 325, Anm. 3; P. S. Ronzevalle, *Notes et études d'archéologie orientale. Jupiter Héliopolitain, Nova et Vetera* in *Mél. de l'Univ. St. Joseph* (Beyrouth, Liban) XXXI (1), 1937, 105 ff, Taf. XXXIII, Abb. 2-3.

4) Vgl. A. B. Cook, *Zeus* I, fig. 435-437, 440-445; weitere auf die Darstellungen bezügliche Literatur: H. Seyrig in *Syria* X, 1929, 325, Anm. 3; vgl. noch P. S. Ronzevalle, *o.c.*, 9 ff; 104; 108; 111 ff. u. *passim*, bes. Taf. II, XXVI.

politanus gewöhnlich den allbekanten Sarapis-Typus aufweist [1]).
Denkmäler des Kultes der Hierapolitanischen Trias sind bisher nur
aus der Stadt selbst und ihrer Umgebung bekannt [2]). Es soll
bemerkt werden, daß auf einer zur Zeit der Severus-Dynastie unter
Alexander Severus zu Hierapolis geprägten Kolonialmünze unter
dem Götterpaar und dem zwischen ihnen in aedicula erscheinenden
„Semeion" dergleiche nach rechts schreitende Löwe auftritt,
der auf dem in Frage stehenden Steindenkmal in Aquincum zu
sehen ist [3]).

Auf den Darstellungen erscheint Jupiter Heliopolitanus und
Hierapolitanus gleicherweise zwischen zwei Stieren. Dafür sieht
man Atargatis, ihr weibliches Gegenstück, gewöhnlich zwischen
zwei Löwen — wohl unter dem Einfluß der babylonischen bezw.
kleinasiatischen Magna Mater-Darstellungen. Henri Seyrig betont [4])
dagegen den Umstand, daß auf den aus Hierapolis selbst stammenden Abbildungen dieser Göttin nie Löwen, sondern stets Sphinxe
vor ihrem Throne stehen. Auch zu Seiten der aus Baalbek stammenden, gegenwärtig in Konstantinopel aufbewahrten Göttin sieht
man diese Sphinxe. Die Gegenwart dieser Gestalten deutet auf
phönizischen Einfluß [5]). Auf einem aus Antiocheia stammenden
Altar, auf welchem die eine Göttin von Sphinxen, die andere von
Tritonen umringt wird, während die Gestalt des mit Mercurius
identifizierten Simios die vierte Seite schmückt, findet sich eine

---

1) Reliefs: P. V. C. Baur-M. I. Rostovtzeff-A. R. Bellinger, *Excavations at
Dura Europos, Preliminary Report, Third Season* 1929-1930, New Haven
1932, 100 ff, Taf. XIV; auf *tesserae*: M. I. Rostovtzeff in *AJA* 37, 1933, 59 ff,
Taf. IX, Abb. 4-6.

2) T. Nagy, *o.c.*, 430.

3) Das Problem des „Semeion" neuestens bei: H. Ingholt, *Parthian
Sculptures from Hatra* in *Mem. of the Connecticut Academy of Arts and
Sciences* 12, 1954, 33 ff (mit früherer Literatur). Abbildungen von Münzen:
Hadad, Atargatis zwischen ihnen das „Semeion", unten der Adler. Variation
aus der Caracalla-Zeit: A. B. Cook, *Zeus* I, 586, Abb. 448; H. Ingholt,
o.c., 18, T. IV, 2; dasselbe nur unten statt des Adlers ein Löwe aus der Zeit
des Alexander Severus: A. B. Cook, *Zeus* I, 586, Abb. 449; H. Ingholt, *o.c.*,
18, T. IV; Merlat; 51, Taf. I, 2.

4) H. Seyrig in *Syria*, X, 1929, 330 ff.

5) Eine vorzügliche Aufnahme bei: Dussaud in *Syria* XXIII, 1942-1943,
Tafel III.

ähnliche Darstellung einer der Gefährtinnen des Zeus Heliopolitanus [1]).

Auf dem in Hermel am nördlichen Libanon zu Tage geförderten
von Antonius Abimenes dem Jupiter Heliopolitanus gewidmeten
Altar stehen jedoch neben der einen Göttin Löwen, neben der
anderen Tritonen. Die Göttin tritt in der Rolle der Städteschirmerin
Tychee auf, obgleich sie wesentlich mit der Ba'alat Gebal aus Byblos
identisch ist [2]).

Auf den Reliefs des Altars von Fîki, dieser vollständigsten Darstellung des Heliopolitanischen Pantheon, erscheint neben Sol,
Luna und Jupiter Heliopolitanus die Gestalt der Atargatis von
Sphinxen umringt, weiter eine Göttin mit der Harfe — von Ronze-
valle mit der syrischen Nemesis identifiziert — dann Simeia,
darüber das Protome des Löwengottes und endlich beider Kind,
Simios, der — wie bereits gesagt — mit Mercurius identisch war [3]).
Es ist bekannt, daß auf den im Westen aufgefundenen, der Trias
von Heliopolis geweihten Inschriften neben dem Hauptgott noch
Venus und Mercurius verherrlicht werden [4]).

Eine Zusammenstellung der Götterbilder des Arcus in Aquincum
mit den besprochenen Reliefs läßt den gewissermaßen synkre-
tistischen Charakter jener hervortreten. Daß es sich hier nicht um
eine Darstellung der heliopolitanischen oder der hierapolitanischen
Trias handelt, ergibt sich schon aus der Abwesenheit des Simios-
Mercurius. Die dritte Gestalt kann auch nicht Simeia sein, da der

1) H. Seyrig in *Syria* 1929, 328 ff, Taf. LXXXIII (Paris, Louvre). Über
die Identifikation Simios-Mercurius: R. Dussaud in *Syria* XXIII, 1942-43,
77; vgl. noch oben Anm. S. 9 n. 4.

2) Ch. Virolleaud in *Syria* V, 1924, 113 ff; vgl. ebda Dussauds Bemerkung
S. 114, Anm. 1; weiter Dussaud in *Syria* IV, 1923, 303 u. Anm. 4; P. S. Ronzevalle, 103, Tafel 30, 5 T. 31.

3) Von diesem Altar: P. S. Ronzevalle, o.c., 87 ff, Taf. 27-28; von der
syrischen Nemesis: ebda 95; s. noch R. Dussaud in *Syria* XXIII, 1942-43,
45 ff, fig. 1-8.

4) Vgl. CIL III 11139 = ILS 4285 (Carnuntum); CIL III 7280, 1 (Athen);
vgl. Dessau's Bemerkungen in Zusammenhang mit der ähnlichen Seligen-
städter Inschrift ILS II S. 165 Nr. 4284; vgl. noch: A. v. Domaszewski
in *Westd. Zeitschr.* (*Korrespondenzblatt*) 1897, 172; von dieser Trias noch
O. Eissfeldt, *Tempel u. Kulte syrischer Städte in hellenistisch-römischer Zeit*,
Leipzig 1941, 46 ff besonders 51 ff; für die Münzendarstellung: B. V.Head,
Historia Nummorum, Oxford 1911, 785; s. oben Anm. S. 9 n. 4 u. S.10 n. 1.

Löwe hier das Symbol der Dea Syria ist. Bei den Frauengestalten handelt es sich daher um zwei Aspekte der Atargatis, der Löwe wurde aus Babylonien übernommen, während die Sphinx auf phönizische Traditionen, auf die Ba'alat von Byblos, hinweist [1]). Die beiden Göttinnen waren demzufolge wahrscheinlich mit den in der Inschrift erwähnten identisch. Dagegen wäre es vergebliche Mühe, den Typus der Jupiter-Darstellung unter den orientalischen suchen zu wollen; er ist nur in der römischen Kunst zu finden. Er schließt sich dem seit Domitian (84 n. Chr.) üblichen Typus des Jupiter Conservator der „offiziellen" Kunst der Münzen an.

Diese domitianische Darstellungsweise wird von Caracalla auf seinen in den Jahren 213-217 geprägten Münzen erneuert, die Komposition aber um zwei Fahnen ergänzt. Auf den Antoninianern des Elagabal (218-222) tritt jedoch die Gestalt des Jupiter Conservator auch in der auf dem in Frage stehenden Relief dargestellten vereinfachten Weise auf [2]). Die Dedicatio der Inschrift lautete also wahrscheinlich [*I. O. M. Conservatori*] *Deae Syr/iae/ et* [*Balti de*]*ae*.

Mit Rücksicht auf alles oben Gesagte muß bei der Untersuchung der religions- und sozialgeschichtlichen Bedeutung dieses Denkmals näher auf die Gründe eingegangen werden, die *C(aius) I(ulius) Sextinus* zur Stiftung dieses Monuments veranlaßt haben mochten. Es unterliegt keinem Zweifel- und alle Forscher sind sich dessen einig-daß der Stifter ein *conductor* war, ein Gutspächter also, der das Gebäude als Zeichen seiner Dankbarkeit für Erlangung einer einträglichen Pacht nicht nur aus eigenem Antriebe, sondern auch auf Anordnung irgendeiner Gemeinschaft errichten ließ. Nach Kuzsinszky, der die Inschrift veröffentlichte, lautete der in Frage stehende Teil wahrscheinlich *ex decr(eto) ordin(is) k(anabarum)*

---

1) Ein anderer Vorschlag zur Ergänzung der Inschrift von Aquincum von R. Egger in *Wiener Studien* 54, 1937, 187 ff: [*Simi*]*ae*; die anderen Forscher erklärten sich eher für die Ergänzung [*Balti de*]*ae*; s. T. Nagy, 429 ff; 458, Anm. 500 (frühere Literatur); vgl. noch J. Fitz in *Acta Arch. Acad. Scient. Hung.* II, 1959, 242. Die Baltis am Arcus ist jedoch nicht die große Göttin von Osrhoëne, sondern, wie auch T. Nagy meint „eine jener Baltis, bei denen der aphroditenhafte Zug stark hervortritt."

2) Mattingly-Sydenham, *Roman Imperial Coinage* (im weiteren *RIC*), Domitianus: II Nr. 247, etc.; Caracalla: *RIC* (4/1), 258 Nr. 301; Elagabal: *RIC* (4/2), 340 Nr. 89 ff; bes. 11 (ohne Fahnen).

secund(um) conduct(ionem) [1]). Ihm gegenüber erhält Egger die Lesung aufrecht: *ex decr(eto) ordin(is) k(apite) secund(o) conduct-(ionum)* [2]). Er ist übrigens der Ansicht, daß das Denkmal auf Anordnung einer Kultgemeinschaft errichtet worden sei. Die am Schluß der Inschrift erwähnten *magistri* seien die Leiter dieser Gemeinschaft gewesen. A. Alföldi brachte eine geistreiche Widerlegung der Eggerschen These und wies unter anderem auf folgenden Punkt hin: „. . . der *ordo decuriorum* . . . die Wünsche einer religiösen Gemeinschaft berücksichtigt hätte, ist nicht angedeutet" [3]). Alföldi betont weiter, daß die römische Rechtspflege der Kaiserzeit das Bestehen einer solchen Kultgemeinschaft gewiß nicht sanktioniert haben würde. Übrigens enthält die Inschrift keine Andeutung darauf, daß der Stifter des Monuments der Patron der Gemeinschaft gewesen sei [4]).

Trotzdem kann man sich bei der religionsgeschichtlichen Wertung des Arcus nicht mit A. Alföldis Erklärung begnügen, daß nämlich bei dem Bau „bloß die Verschönerung der Stadt den Ratsherren vorschwebte" [5]). Es muß eher untersucht werden, warum gerade Jupiter und die syrischen Göttinnen auf dem Arcus gemeinschaftlich auftreten. Zur Klärung dieses Problems muß die Bedeutung des Monuments für das religiöse Leben der Bürgerstadt untersucht werden. Neuere Ausgrabungen hatten nämlich als Tatsache festgestellt, daß das Denkmal nicht aus den *canabae* in die Bürgerstadt transportiert [6]), sondern hier in situ gefunden worden war [7]). Der syrische Kult der Bürgerstadt folgt auch in kult-topographischer Beziehung dem aus dem Orient herübergebrachten alten Ritus, da das Heiligtum der Dea Syria und der Baltis an einem für die Reinigungszeremonien und die Zucht der „Heiligen Fische" [8]) gleichermaszen

---

1) V. Kuzsinszky, *Aquincum*, 99 ff; R. Egger, *o.c.*, 183 ff; A. Alföldi in *AÉrt.* 1940, 228 ff.
2) V. Kuzsinszky, *l.c.*
3) R. Egger, *l. c.*
4) A. Alföldi, *o.c.*, 229.
5) A. Alföldi, *l.c.*
6) A. Alföldi, *l.c.*
7) J. Szilágyi in *Bud. Rég.* 14, 1945, 465; A. Mócsy in *Acta Arch. Acad. Scient. Hung.* 3, 1953, 183 ff.
8) Lukianos, *De Dea Syria*, 14; weitere Belege: Cumont, *Dea Syria* in *PWRE* IV, 2241 ff; vgl. noch 2237.

wichtigen und nötigen Teich lag, ebenso wie in Askalon, wo an einem größeren See die phönizische Atargatis (von Byblos) und die syrische (von Heliopolis) je ein besonderes Heiligtum besaßen [1]). Auch dies ist ein Beweis dafür, daß dieser Kult in Aquincum weder von dem einheimischen noch vom römischen Element, sondern von den syrischen Ansiedlern (oder Soldaten?) angeregt wurde [2]). Andererseits hebt das *ex decreto ordinis* den offiziellen Charakter des Votum hervor. Aus diesem Umstand erhellt die große Bedeutung, welche die Leitung der Stadt der Tatsache beimass, daß ein öffentliches Gebäude profanen Charakters mit der Verehrung des syrischen Götter in Zusammenhang gebracht wurde. Das wiederum ist nur dadurch möglich, daß die Verehrung der syrischen Götter im öffentlichen wie im Privatleben in Aquincum eine wichtige Rolle spielte. Vom Standpunkt der lokalen Einwohnerschaft aus wird diese Rolle durch das Vorhandensein eines früheren, ausgesprochen syrische Kultformen repräsentierenden Dea-Syria-Baltis-Tempels sowie durch die Anwesenheit des wahrscheinlich in einem abgesonderten Stadtteil lebenden syrischen Elements begründet [3]). Andererseits ist es beachtenswert, daß im Mittelpunkt der Darstellung die Gestalt des Jupiter Conservator steht die das Imperium bezw. dessen Verkörperung, den Imperator, schützende Gottheit. In diesem Zusammenhang ist es wichtig, daß die letzte dem Jupiter Heliopolitanus gewidmete Inschrift, die eine der Städteschirmerin Tyche ähnliche Göttin mit Türmchen, Füllhorn und Zepter darstellt und die Dedicatio *I.o.m. H(eliopolitano) Conservatori imperii d.n. Gordiani Pii* etc. enthält, ebenfalls von heliopolitanischen Soldaten (*colonia Helioupoli*) [4]) gestiftet wurde. Auch ist dies nicht das einzige Denkmal, welches auf Jupiter Heliopolitanus und sein weibliches Gegenstück als Beschützerin des

---

1) Cumont, *o.c.*, 2237.
2) Monument in der Stadt Rom der *ala I Itureorum* in Zusammenhang mit dem Kult der syrischen Götter: CIL VI 421 = ILS 2546.
3) L. Nagy in *Bud. tört.*, I (2), 655.
4) CIL VI 423 = ILS 4287; auf dem Denkmal, das wahrscheinlich die Rolle einer Statuenbasis vertritt, ist eine Tyche-Fortuna-artige stehende Göttin zu sehen (zwischen zwei Löwen) die bereits früher für eine Darstellung der Atargatis galt: W. Amelung, *Die Skulpturen des Vatikanischen Museums* I, Berlin 1903, Nr. 152, Textband: 279 f, Taf. 30; vgl. noch Dussaud in *Syria* I, 1920, 10, Abb. 2; Text: 9 ff.

Munizipalwesens hinweist. Einen noch eklatanteren Beweis hierfür
bietet jene britannische Inschrift, die die Rolle der Dea Syria im
Munizipalleben besonders betont und sie dabei *iusti inventrix*,
urbium conditrix nennt [1]). Auf dem offiziellen Votum des C. I.
Sextinus aus Aquincum verschmelzen demnach sonderbarerweise
drei Faktoren zu einem vollkommenen Ganzen: die Rücksicht auf
die Ansprüche der lokalen syrischen Einwohnerschaft, die sozial-
politische Absicht des *ordo decurionum* und — durch den Kult des
Jupiter Conservator — die Treue zu Imperium und Imperator!

Jüngst wurde von J. Fitz die Behauptung aufgestellt, die Er-
richtung des in Frage stehenden Triumphbogens sei mit dem
Besuch des Kaisers Septimius Severus sowie seines Sohnes Caracalla in Pannonien im Jahre 202 in Zusammenhang zu bringen
(wie bekannt war Caracalla ein großer Förderer syrischer Kulte):
„der für das Wohlergehen der beiden Kaiser der syrischen Götter-
trias Dea Syria, Hadad-Jupiter und Baltis (Simeia?) geweiht
wurde" [2]). Ohne Zweifel konnte ein Conductor in Aquincum nur
dann ein offizielles Denkmal zu Ehren der syrischen Göttinnen
errichten lassen, wenn diese auch von seiten des öffentlichen
Staatskultes Verehrung genossen. Da jedoch die Inschrift keinen
direkten Hinweis auf die Person des Kaisers enthält, kann sie
auch in keiner unmittelbaren Beziehung zum Kaiserkult stehen.
Trotzdem bleibt die Übereinstimmung des lokalen Kultes mit dem
öffentlichen ein bedeutendes Moment dieses auch in künstlerischer
Hinsicht hervorragenden Denkmals. Beachtenswert ist, daß die
Auffassung einiger dekorativer Elemente einen Orientalen als
ausführenden Künstler vermuten läszt [3]). Es sei noch einmal auf

---

1) Auf die Bedeutung von CIL VII 759 hat schon Cumont hingewiesen:
o.c., 2240.
2) J. Fitz in *Acta Arch. Acad. Scient. Hung.* 11, 1950, 242 ff, Zitat: S. 263.
3) So auch die zoomorphe Form des Peltamotivs vgl.: L. Nagy in *AÉrt.*
42, 1928, 82 ff (ungarischer Text) 314 f (deutscher Auszug), die reichste
Form dieses Motivs aus Pannonien findet man auf der Grabinschrift des
M. Aur. Malchias und seiner Angehörigen — aus der 1. Hälfte des III. Jahrhunderts: L. Nagy, *o.c.*, 77 ff, Abb. 31; G. Erdélyi- F. Fülep, *Intercisa*, I,
236, Nr. 18, Taf. XLV, 4; der Name deutet auch hier auf einen Orientalischen,
vgl. A. Scheiber, *Corpus Inscriptionum Hungariae Iudaicarum*, Budapest 1960,
37 ff, Nr. 5 (weitere Literaturangaben). Zum Peltamotive auf den syrischen
Denkmälern siehe z. B.: *The Excavations at Dura-Europos, Preliminary*

den eigenartigen Synkretismus der Darstellungen des Triumphbogens verwiesen, wobei man das Wort Synkretismus weniger im
ikonographischen als im religionspolitischen Sinn zu nehmen hat.
Die Möglichkeit ist nämlich nicht ausgeschlossen, daß der Triumph-
bogen nicht dem Kult der Götter einer gewissen syrischen Stadt,
sondern den verschiedenen in Aquincum verehrten Gottheiten
geweiht war. Vielleicht ist dies auch der Grund dafür, daß z.B.
Jupiter keine Züge der lokalen syrischen Baale aufweist, während
Atargatis in zwei verwandten, in ihren lokalen Eigenheiten jedoch
verschiedenen Aspekten auftritt. Eine ähnliche Auffassung spiegelt
sich in dem unten näher zu betrachtenden Votum eines Soldaten
aus Aquincum wider. In diesem verschmelzen die Gestalten des
Jupiter Optimus Maximus Heliopolitanus und Dolichenus zu
einer einzigen Person (*I.o.m. Dulceno Heliopolitan. sacrum* etc.) [1]).
(Taf. II. Abb. 2). Dieser Umstand muß selbst in provinzialer
Beziehung als ungewöhnlich gelten und will wohl einem entschieden zum Monotheismus neigenden Götterideal Ausdruck ver-
leihen [2]).

Nach der frühen, noch in der schwierigen Periode nach den
Markomannenkriegen entstandenen, primitiv ausgeführten Tempelinschrift *deae Balti et Diasuriae*, zeugt diese jedenfalls spätere,
unbedingt aus der Severus-Zeit stammende Arcus-Inschrift auch
von der wachsenden Bedeutung des syrischen Elements im sozialen
und politischen Leben von Aquincum.

Ein bedeutendes Inschriftendenkmal der syrischen Zeit ist der
oben erwähnte dem *I.o.m. Dulceno Heliopolitano* gewidmete
Altarstein, das Votum des *T(itus) Aureli(us) Secu[nd](us)*, eines
Veteranen der *legio II adiutrix*. Zum Namen des Soldaten ist zu
bemerken, daß das Aurelius-Nomen nach 175 in Ostpannonien
sehr häufig als eine Folge der Verleihung des Bürgerrechtes durch

Report, IX, 1935-1936 (Part I), New Haven 1944, Taf. XXII, XXIII, 1,
XXIV, 1; Comte du Mesnil du Buisson, *Les peintures de la synagogue de
Doura-Europos*, Roma 1939, Taf. LV, 2.
1) CIL III 4362, 13366 = ILS 4297; Gy. Veidinger, *o.c.*, Nr. 169; A. H.
Kan, *Jupiter Dolichenus*, Leiden 1943, 64, Nr. 64; A. P. Merlat, *Répertoire
des inscriptions et monuments figurés du culte de Jupiter Dolichenus*, Rennes
1951, Nr. 71.
2) T. Nagy, *o.c.*, 430 ff.

Marcus Aurelius oder Caracalla auftritt [1]). Die Soldaten der Legion werden die syrischen Gottheiten hauptsächlich während des zweiten orientalischen Feldzuges, der in 193-194 unternommenen *expeditio syriaca* kennen gelernt [2]) haben. Sonderbar wirkt es, daß sich in den religiösen Vorstellungen dieses Veteranen die Gestalten der beiden syrischen Ba'als, des Heliopolitanus und des Dolichenus, in dem alle Hauptgötter umfassenden Jupiter Optimus Maximus zu einer einzigen verschmolzen. Im Bereich des ganzen Pannonien besitzen wir außer diesem nur noch zwei Belege für den gemeinsamen Kult der beiden „Brüdergötter". In beiden Fällen treten diese jedoch gesondert auf, und die Stifter sind ganz gewiß Orientalen [3]).

Cumont [4]) und nach ihm andere [5]) sind der Ansicht, daß der im Nationalmuseum von Budapest ohne Angabe des Fundortes aufbewahrte Marmortorso (H.: 23.5 cm, mit Basis), an dem ein „unterer Teil des linken Beines der Nemesis-Diana und ein unterer Teil eines Greifes, auf der Basis aber die Inschrift *I.o.m.Dol.* zu sehen ist", aus dem Amphitheater von Aquincum stammt, dessen Hauptaltar von einem Orientalen gestiftet wurde [6]). N. Láng, der vorzüglichste Kenner des Dolichenus-kultes von Pannonien, glaubt in der Gestalt der Paredros des Jupiter Dolichenus zu erkennen [7]), ähnlich wie auf einem der Ausgrabungsfunde von Dura-Europos: hier erscheint auf einem in ähnlicher Weise dargestellten, der Nemesis gewidmeten Relief neben der Göttin Helios-Sol mit der Strahlenkrone [8]). N. Láng gründet seine Behauptungen auf den Vergleich mit einer ähnlichen Nemesis-Diana-Darstellung des

1) L. Barkóczi, *o.c.*, 172.
2) Vgl. Ritterling, *Legio* in *PWRE* XII, 1450.
3) CIL III 3908, 1132.
4) Cumont, *Dolichenus* in *PWRE* XII, 1450.
5) A. H. Kan, 65; vgl. T. Nagy, *o.c.*, 459, Anm. 511.
6) Vgl. A. Mócsy, *o.c.*, Nr. 186, 33; vgl. jedoch ebenda Nr. 186, 11: C(a)e-sern(i)us Zosimus natione Cilix.
7) N. Láng, *A Magyar Nemzeti Muzeum Nemesis-torzója* (Klny. a Berzeviczy emlékkönyvböl), Budapest, 1934, 1-8, Tafel (Der Nemesis-Torso des Ung. Nat. Museums. Sonderabdruck).
8) Vgl. Fr. Cumont in P. V. C. Ba I. Mur- Rostovtzeff, *Excavations at Dura Europos, Preliminary Report of First Season of Work, Spring* 1928 1929, 65 ff, Pl. IV, 1 und fig. 25.

Nemesis-Heiligtums von Carnuntum; doch meint er, auf Grund
der Inschrift schließen zu können: ,,Unsere Statuette wird wohl
kaum in einem Nemesis-Heiligtum, sondern viel eher in einem
Dolichenum als θεὸς σύνναος des Jupiter Dolichenus gestanden
haben [1]). Seitdem ist auch die bedeutende Nemesis-Dianastatuette
des Nemeseion von Aquincum ans Tageslicht gefördert worden als
ein weiterer Beweis für die Bedeutung dieses Heiligtums [2]). Viel
wichtiger für die Wertung unserer Statuette ist jedoch die im Museo
Nazionale von Portogruero aufbewahrte Bronzestatuette, die in
der Nähe der antiken Concordia entdeckt wurde. Auf der Basis
trägt sie die Dedikation: *I.O.M. Dolicheno*; der Stifter heißt
Aurelius Seleucus, war also Orientale. Das Denkmal stellt Diana
auf der Jagd dar und stammt aus dem III. Jahrhundert [3]). Wichtig
für die Beziehungen der Gottheit zum Kult der Nemesis-Diana
ist das Kultinventar des Dolichenums auf dem Aventinus, wo eine
Statue, die berühmte Opferszene der Artemis und der Iphigenia
darstellend, zum Vorschein gekommen ist [4]). Der eschatologische
bezw. soteriologische Charakter der Verknüpfung beider Kulte
steht außer Zweifel. Nachdem bis auf den heutigen Tag in Aquincum kein Heiligtum des Dolichenus entdeckt worden ist [5]), muß
man die Hypothese von Cumont und Kan [6]) als wahrscheinlich
gelten lassen — mit der Ergänzung jedoch, daß im Kultleben des
Nemesis-Heiligtums von Aquincum die orientalischen Vorstellungen
ebenfalls eine Rolle gespielt haben.

Wie bereits bemerkt fiel die Glanzperiode der ägyptischen,
asiatischen und syrischen Kulte in die Zeit der Severi. Diese Kulte

1) N. Láng, *o.c.*, 6.
2) J. Szilágyi, *Aquincum*, 100 und Anm. 457, Taf. 47.
3) A. H. Kan, 120, Nr. 206, Abb. 23; P. Merlat, 247 ff, fig. 51.
4) A. H. Kan, 103, Nr. 158 (mit früherer Literatur), 160 ff, Taf. 18, 1.
Neuerdings erblickt J. Fitz, *o.c.*, 260 ff. orientalische Beziehungen in der
Inschrift CIL III 3455, die mit dem Kult der Artemis zusammenhängt.
Gegenüber seinen Argumenten vergleiche jedoch Wernicke, *Artemis* in *PWRE*,
II, 1391 für die sehr bedeutende Verehrung der Artemis in Patrae. Von den
Beziehungen der Artemis und des Zeus heißt es bei demselben: ,,Zeus ist
von alters her der Artemis als Gatte gestellt" (ebd. 1369).
5) Die Ergänzung der Dedikation *I. O.* [*M. Dolicheno*] bei J. Szilágyi in
Bud. Rég. 15, 1950, 451 f ist sehr problematisch, wie J. Fitz neuestens mit
Recht bemerkte: *o.c.*, 242, Nr. 15. Seine Bemerkung: S. 243.
6) Vgl. Anm. S. 16 n. 4 u. 5.

durchdringen die verschiedenen Gesellschaftsschichten: Die Verehrer der Magna Mater finden sich unter der einheimischen Bevölkerung, während die syrischen Götter von Männern und Frauen, Bürgern und Soldaten gleicherweise verehrt werden. Charakteristisch ist die Verehrung der Magna Mater und des Adonius, die des letzteren in den Donauprovinzen sogar ausschlieszlich. Bezeichnend ist auch der Kult der Dea Syria, deren mit Baltis gemeinsamer Tempel im Westen nur auf der Inschrift von Aquincum erwähnt wird. Übrigens gewinnt man den Eindruck, daß sich hier im Kult der syrischen Götter religiöse Erlebnisse oft mit den Forderungen der offiziellen Kulte verschmelzen [1]).

Betrachtet man die Bedeutung der orientalischen Kulte für Aquincum in ihrer Gesamtheit, so kommt man zum Schluß, daß der Kult der syrischen Götter neben dem der ägyptischen bedeutend gewesen ist, obwohl ihr soziales und politisches Gewicht nicht von der langen Lebensdauer desjenigen des Mithras-Kultes war [2]). Letzterer behält seine Bedeutung im ganzen III. Jahrhundert bei, wogegen sich keine Belege, dafür finden, daß die syrischen Kulte die Zeit der Severi überdauert hätten [3]).

Von den in Pannonia Inferior längs der Donaulinie zur Verteidigung des Limes Romanus errichteten Kolonien hat Intercisa südlich von Aquincum für die Verbreitung der orientalischen Kulte die größte Bedeutung. Die Geschichte dieser Kolonie wurde jüngst von Lad. Barkóczi in drei Hauptperioden eingeteilt: die erste Periode von Traianus bis zu den Markomannenkriegen unter Marcus Aurelius; die zweite Periode von Marcus Aurelius bis zur

1) Vom Mithras-dienst in Aquincum: T. Nagy, *o.c.*, 431 ff; G. Alföldy, *o.c.*; vgl. auch: *Antik Tanulmányok, Studia Ant.*, 5, 1958, 73 f; neuerdings: M. J. Vermaseren, *Corpus Monumentorum et Inscriptionum Religionis Mithriacae* II, den Haag 1960, Nr. 1742-1799.

2) Zum Mithras-Dienst in Aquincum vgl.: T. Nagy, *o.c.* 431 ff; G. Alföldy, *o.c.*.

3) Vgl. A. Alföldi in *Bud. tört.* I (2), 707: ,,Zur Zeit der Severi waren die Gottheiten der syrischen Sagittarier von Szentendre und Dunapentele die höchsten Schutzgottheiten des Reiches und der Dynastie''. Neuestens jedoch betont Géza Alföldy in seinem über das religiöse Leben in Aquincum verfaßten, im Druck befindlichen Aufsatz: ,,Der Kult der syrischen Götter ging, nach dem Fall der syrischen Dynastie im ganzen Römischen Reich ein, und gegen die Mitte des III. Jahrhunderts hatte selbst der so populäre Kult des Jupiter Dolichenus seine Bedeutung vollständig eingebüßt.''

Zeit Constantins des Großen; die dritte Periode von Constantin I.
bis zum Ende des IV. Jahrhunderts [1]). Für die Geschichte der
orientalischen Kulte ist die mittlere Periode die bedeutendste.
In diese Zeit fällt nämlich die limesverteidigende Tätigkeit der
Soldaten der *cohors miliaria Hemesanorum Surorum sagittariorum*.
Von Barkóczi abweichend modifiziert J. Fitz die oben gegebene
Periodeneinteilung, indem er meint, daß die erwähnte Cohors
nicht unmittelbar nach den Einbrüchen der Obier und Langobarden
im Jahre 166 und später der Sarmaten in 176 hierher gekommen
war, sondern erst 184/185 zur Verstärkung des Limes herangezogen
wurde [2]). Die spätesten Daten für die Anwesenheit der Cohors in
Intercisa stammen aus der II. Hälfte des II. Jahrhunderts [3]).

In Bezug auf die Rolle des syrischen Elements in Intercisa
betont Barkóczi richtig: „In keiner anderen pannonischen Siedlung
zeigen sich die orientalischen Elemente in solch einer geschlossenen
Einheit, wie eben in Intercisa" [4]). Auch die Namen der orientalischen Soldaten der anderen Truppenkörper, z. B. des gegen Ende
des III. und zu Anfang des IV. Jahrhunderts hier anwesenden
numerus equitum scrutatorum haben einen ähnlichen Charakter [5]).
Die Mehrheit der Orientalen von Intercisa trägt das Aurelius-
Nomen [6]). Diese sind zum größten Teil Hemesaner; doch findet man
auch andere Orientalen, z. B. Juden, unter ihnen [7]). Die theophoren Namen ausgesprochen semitischen Ursprungs sind ver-

---

1) I. Barkóczi, *Intercisa*, II in *Arch. Hung.* (n.s.) 36, 1957, 497.

2) J. Fitz, in *AÉrt.* 86, 1959, 43. S. zu diesem Problem: T. Nagy in *AÉrt.*
82, 1955, 235. Die frühere Literatur bei F. Fülep, *Intercisa*, I in *Arch. Hung.*
(n.s.) 33, 1954, 204 ff; seiner Ansicht nach traf die *cohors* hier unter Marcus
Aurelius ein.

3) F. Fülep, *o.c.*, 207.

4) L. Barkóczi, *o.c.*, 535. Dagegen betont T. Nagy, *l.c.* daß, obgleich die
cohors auch im Laufe des III. Jahrhunderts aus Orientalen ergänzt wurde,
das Monumentenmaterial nichts dafür beweist, daß die *cohors* eine besondere
Verstärkung durch hiesige Soldatenfamilien erfahren hätte.

5) F. Fülep, *Intercisa*, I, 207.

6) F. Fülep, *o.c.*, 209 ff; L. Barkóczi, *o.c.*, 532 ff; Ders. in *Acta Antiqua
Acad. Scient. Hung.* 7, 1959, 172 ff. Ihre Anführung in F. Fülep, *Intercisa*, I,
210 ff; L. Barkóczi, *Intercisa*, II, 532 ff. Für die Namen von etlichen ein-
namigen aus Syrien stammenden Einwohnern vgl. F. Fülep, *o.c.*, 210.

7) F. Fülep, *o.c.*, 216 ff; L. Barkóczi, *o.c.*, 532 ff; neulich A. Scheiber,
o.c., Nr. 4-7.

hältnismäßig selten. Zu diesen gehören Barsemis [1]), Sohn des Simios, und die Tochter Barsimia aus Osrhoëne; weiter Monimos, der Mercurius von Osrhoëne [2]), dessen Paredros Azizus in Intercisa auch auf einer Inschrift auftritt, welche wir nachher untersuchen werden.

Aus dem militärischen Charakter von Intercisa ergibt sich, daß die meisten den orientalischen Göttern geweihten Vota das Wohlergehen des Kaisers oder der kaiserlichen Familie zum Gegenstand haben [3]). So erfährt man aus einer viereckigen, in vielen Punkten fragmentarischen Inschrift, daß ein hoher Offizier der obenerwähnten Sagittariergruppe, der *tribunus militum* Qu. Mod(ius) Rufinus unter der Statthalterschaft des Baebirius Caecilianus, also um 199, *Deo Soli Aelagabalo pro* [s]*alute impp. L. Sep. Severi* [*Pi*]*i et M. Aur. Antonii Pii e*[*t*] *Sept. Gatae(sic!)* einen Tempel errichten ließ [4]). Die Soldaten dieser Cohors widmeten auch im Jahre 214 eine Inschrift zu Ehren des *Deus Patrius Sol Elagabal*. Die Inschrift erwähnt ein *dedicatum opus*, der Gottheit *pro salute et victoria Germ. Imp. Caes. M. Aur. Severi Antonini* gesetzt, das wohl auch eine Tempelinschrift gewesen sein möchte [5]). Derselbe Gottesname

---

1) Inschrift des Abbei Barsemis und seiner Familie: F. Fülep, *o.c.*, 191, 207, 210, 222; Katalog Nr. 341. Die Korrektur der Inschrift: T. Nagy, *o.c.*, 242, 244. Es ist zu bemerken, daß der Name der Tochter Barsemia schon ein mit lateinischer Orthographie geschriebener semitischer Name ist. Es handelt sich nämlich nicht um die weibliche Form des Namens Simios, Bath-Semia (d.h. Tochter der Semia), sondern um den Namen Barsemia (d.h. Sohn des Semia), also ist die Orthographie des Namens vom Standpunkt der semitischen Gesetze und des richtigen theophoren Namens fehlerhaft. Mit der Namensform Semea-Simia beschäftigte sich jüngstens: H. Ingholt, *o.c.*, 21.

2) Die Träger des Namens Monimos in Intercisa: *Intercisa*, I, Index, 279, 281 (fünf Cognomina); Vgl. Gaszyniec, *Monimos* in *PWRE*, XVI, 125.

3) Vgl. J. Pley, *Monimos* in *PWRE*, XVI, 125. Neuestens bei: Fr. Altheim, *Niedergang der Alten Welt*, Frankfurt a/M., 1952, 219 u. 450, Anm. 276-277. „Der starke Gott Azizos, dem Mars gleichgesetzt, war der Morgenstern, der Wohltäter, Monimos der Abendstern" (Fr. Altheim, *o.c.*, 220). Vgl. auch K. Prümm, *o.c.*, 751, Anm. 1 (fälschlich „aus Carnuntum"); Azizus und Monimus in der „Sonnenreligion" vgl. R. Dussaud in *RA*, 1903, I, 128 ff; M. P. Nilsson, *Geschichte der griechischen Religion*, München 1950, 491 Anm. 2; D. Sourdel, *Les Cultes du Hauran à l'époque romaine*, Paris 1952, 29, 75.

4) F. Fülep, *o.c.*, 159, 162, 190, 224, Kat. Nr. 325, Taf. 79, 6; J. Fitz in *Acta Arch. Acad. Scient. Hung.* 11, 1959, 240 ff; 259 ff ebda s. auch mit der Datierung zusammenhängende Probleme.

5) F. Fülep, 213, 219, 224, Kat. Nr. 326, Taf. 79, 5.

dürfte auf einem verlorengegangenen und nur aus photographischen Aufnahmen bekannten Fragment vorgekommen sein, wo der Name des Gottes, nach der Annahme von T. Nagy auf *Soli* [*Ael*]*a*[*gabalo*] zu ergänzen ist [1]).

Die auf den Inschriften erwähnte Gottheit, der einmal auch das Attribut *patrius* beigelegt wird, ist niemand anderes als der in seiner Heimat in Gestalt eines Berges verehrte Sonnengott, der Ba'al von Hemesa [2]). Seine Verehrung war in Rom schon vor der Erhebung seines Kultes zu einem offiziellen durch den Kaiser Elagabal bekannt. Dabei darf nicht vergessen werden, daß die Inschriften, auf denen außer dem Namen des Kaisers der des einzigen bekannten Priesters der Stadt Rom — Iulius Babillus auftritt — aus den Jahren 199-215 stammen [3]). Die Dedikation *Deo Soli Aelagabal Ammudati* der Inschrift von Brigetio stammt wahrscheinlich aus der Zeit vor seiner öffentlichen Verehrung [4]). Die Cohors von Hemesa bildete den bedeutenden sozialen und völkischen Hintergrund seiner Verehrung in Intercisa [5]).

Nun drängt sich die Frage nach dem weiblichen Gegenstück des Elagabal im Kulte von Intercisa auf. Das Gegenstück der oben zuerst erwähnten Inschrift wurde von Modius Rufinus und Campanius Marcellus, hohen Offizieren der *cohors miliaria Hemesanorum* ebenfalls unter dem Statthalter Baebius Caecilianus *Dianae Tifatinae* errichtet [6]). Die Anhänglichkeit des Campanius Marcellus an die grosze Göttin Kampaniens ist natürlich [7]); trotzdem verdient die neueste Behauptung von J. Fitz nähere Betrachtung ,,es muß

---

1) F. Fülep, 224, 270, Kat. Nr. 335, Taf. 84, 2; T. Nagy in *AÉrt.*, 82, 1955, 244.

2) Cumont *Elagabalus* in *PWRE*, V, 2219; J. Réville, *Die Religion der römischen Gesellschaft im Zeitalter des Synkretismus*, Leipzig 1906, 236 ff. Über die politische Bedeutung der Religion von Emesa: A. v. Domaszewski, *Abhandlungen zur römischen Religion*, Leipzig-Berlin 1909, 197 ff. Neuerdings: Fr. Altheim, *Der unbesiegte Gott*, Hamburg 1957, bes. 18 ff.

3) Vgl. Dessau, *ILS* II p. 172, mit weiterer Literatur.

4) CIL III 4300 = ILS 4332; Cumont, *o.c.*, 2219, 2221, für die neuere Literatur der Inschrift siehe unten!

5) Vgl. F. Fülep, Nr. 333-334, sowie 360-368; J. Mócsy in *Antik Tanulmányok — Stud. Ant.* 5, 1958, 95, Anm. 36.

6) F. Fülep, 30, 190, 206, 213, 221, 268, Kat. Nr. 324, Taf. 79, 4; J. Fitz *o.c.*, 240 ff, 260.

7) K. Kerényi in *Pannonia* 4, 1938, 215; F. Fülep, 221.

doch auf die politische Aktualität dessen hingewiesen werden,
daß anläßlich des Kaiserbesuches (nämlich in Pannonien des
Kaisers Septimius Severus, im Jahre 202) neben dem Sol Elagabalus ein Tempel Diana Tifatina errichtet wurde." „Auf der anderen
Seite mußte auch der Gott Elagabalus, der ebenso wie die Diana
Tifatina auf einem Berge verehrt wurde, einen weiblichen Paredros
haben, wie die Ba'als im allgemeinen immer einen solchen neben
sich haben" [1]). Gewiß ist, daß Diana Tifatina nach der Art der
Hekate auch als Mondgöttin erscheint (eine Basis in Capua trägt
die Dedikation *Dianae Tifatinae Triviae* [2]). Auch sind ihre Beziehungen zum Orient seit den punischen Kriegen bekannt [3]), so daß
es für die Soldaten von Hemesa ein Leichtes war, sie mit irgendeiner ihrer Mondgöttinnen zu identifizieren [4]). Was aber ihre
Beziehungen zum Kaiserkulte betrifft, darf nicht vergessen werden,
daß das berühmte Heiligtum der Göttin, einst vom siegreichen
Sulla gestiftet, im Jahre 77 vom Kaiser Vespasian selbst hergestellt
wurde [5]). Aus Intercisa sind übrigens mehrere die Ehre des unbesiegbaren Sonnengottes verkündende Altäre bekannt, doch sind
diese nicht mit dem Kult des Ba'al Hemesanus, sondern mit dem
des Mithras in Verbindung zu bringen.

Übrigens ist es auch bekannt, daß die Verehrung der Diana
Lucifera — nach dem Zeugnis der römischen Münzen — von
Anfang an mit der Verehrung der Syrerin Julia Domna, der Gattin
des Septimius Severus, verbunden war [6]). Von den übrigen in
Intercisa aufgefundenen Diana-Inschriften scheint noch eine
andere, mit dem Kaiserkult zusammenhängende Inschrift hierher
zu gehören. Diese wurde Dianae Augustae von den Veteranen der
in Frage stehenden Legion errichtet [7]).

1) J. Fitz, *o.c.*, 260. Es ist bemerkenswert, daß auf dem Monte Tifata
bei Capua auch ein Templum Jovis Tifatini stand: H. Philipp, *Tifata* in
PWRE (2 R. VI), 933.
2) CIL X 3795 = ILS 3270.
3) St. Weinstock, *Tifatina* in *PWRE*, VI, 934 ff.
4) Vgl. die Dedikation einer Inschrift aus Amiternum: *Deanae Syri[ae]*:
CIL IX 4187 = ILS 4281, *cf.* Lukianos, *De Dea Syria*, 32. In Zusammenhang
mit der erwähnten Inschrift schon erwähnt von H. Dessau, *ILS* II, 165.
5) CIL X 3825 = ILS 251; ILS 3240; vgl. St. Weinstock, *o.c.*, 937 ff.
6) H. Mattingly, *Coins of the Roman Empire in the British Museum* V,
London, 1950, CXXXII, 159, Taf. 27, Nr. 7.
7) F. Fülep, *o.c.*, 191, 206, 213, 220 ff, 227, 271, Kat. Nr. 349; natürlich

Eine Variation des Typus der Luna Lucifera auf den Münzen der römischen Kaiserinnen von der Wende des II. und III. Jahrhunderts, gleichzeitig das einzige Denkmal von künstlerischem Werte des Diana, bezw. Luna-Kultes in Intercisa, ist eine fein ausgeführte Statuette der Selene (Höhe: 15.1 cm) [1]. J. Fitz, der sie zuletzt beschrieb, meint, darin den verhältnismäßig wenig verbreiteten Typus der orientalischen Schicksalsgöttinnen zu erkennen. Bezeichnend für die Darstellung ist, daß der Künstler die Gestalt in eben dem Augenblicke erfaßt, „wo sie sich vom Himmel auf die Erde herabläßt", also nach der Art der hellenistischen, niedersteigenden Nike [2]. Analogien zu der in der Rechten eine Fackel tragenden, mit der Linken den Mantel haltenden Gestalt finden sich in Pannonien gerade im syrisch beeinflußten Brigetio [3]. Unter den weiteren verwandten Darstellungen ist noch die ziemlich große Bronzestatue von Sarmizegetusa zu erwähnen, für die in einer neueren ikonographischen Analyse Hadrian Daicoviciu hauptsächlich auf balkanische und kleinasiatische Analogien verweist [4]. Übrigens muß man in der Gestalt der in Sarmizegetusa verehrten *Diana Sancta Potentissima* ebenfalls eine hellenistisch-orientalische Gottheit erblicken, die ihrem Wesen nach mit der in Intercisa verehrten Diana Ähnlichkeit hat [5].

Es sei hier noch eines mit dem Kult der orientalischen Götter zusammenhängenden Denkmals der Verehrung des Septimius Severus und der Julia Domna gedacht. Dieses Denkmal besteht in einer Votivinschrift und bezieht sich auf die Verehrung einer im Okzident kaum bekannten Gottheit Deo Aziz[o p]ro salute d.n. [in]vi[c]ti Aug. et Iulia[e] [A]u[g]ustae, und wurde von Julius Firmi-

---

dürfen auch die lokalen Beziehungen des Diana-Kultes nicht außer acht gelassen werden, vgl. F. Fülep, *o.c.*, 227. Im Kulte vereinigen sich hier wahrscheinlich der orientalische Ursprung mit dem offiziellen Kaiserkult der Römer und auch die Gegebenheit der bewaldeten Gegend.

1) J. Fitz, *Intercisa*, II, 166, 171, Nr. 12.
2) J. Fitz, *o.c.*, 166, vgl. S. Reinach, *Répertoire de la statuaire grecque et romaine* I, Paris, 1897, 300 fig. 6.
3) Ung. Nat. Mus. Inv. Nr. 46/1894, bleierne Statuette: E. B. Thomas in *AÉrt.* 79, 1952, 35, Taf. VI, 7 und J. Fitz, *o.c.*, 166.
4) H. Daicoviciu in *Omagiu lui Constantin Daicoviciu*, 1960, 135 ff, Abb. 1-5 (S. 132 ff).
5) CIL III 1418; vgl. Wissowa, *Diana* in *PWRE*, V, 337.

anus gestellt. Schon der erste Herausgeber des Denkmals, E. Mahler, hatte festgestellt, daß es sich hier um das Denkmal einer orientalischen Gottheit handle. „Aziz heißt ja in der Sprache der Orientalen soviel wie habib, liebenswürdig, freundlich" [1]. In Pannonien ist dieses bis auf die heutige Zeit das einzige Denkmal für die Verehrung dieses Gottes. In Potaissa in Dalmatien ist jedoch eine *Deo Azizo Bono Puero Conservatori* geweihte Inschrift auf uns gekommen, die für das Wohlergehen der Kaiser Valerianus und Gallienus fleht und von der Vollendung eines dem Azizus geweihten Tempels Kunde gibt [2]. Der Kult des Gottes in Potaissa kann übrigens für das Verständnis seines Kultes in Intercisa nicht gleichgültig sein. Bei Julianus liest man nämlich folgendes in der Religion der Edessener: ὁ Μόνιμος μὲν Ἑρμῆς εἴη, Ἄζιζος δὲ Ἄρης, Ἡλίου πάρεδροι. . . [3].

Azizus erscheint hier also als der Sonnengott mit den zwei Gesichtern, wie ihn der Orientale so gut kennt: lebenspendend freundlich, wohltätig, Erleuchter der Karawanenstraßen, aber auch von vernichtender Kraft [4]. Übrigens wird der Sinn der Inschrift von Intercisa, die dem unbesiegbaren Herrscher und seiner Gattin gewidmet ist und eben diesen martialischen Zug des Azizus betont (das Attribut *invictus* erscheint ja verhältnissmäßig selten auf den kaiserlichen Inschriften) durch eine andere gerade aus Potaissa stammende Inschrift näher beleuchtet. Diese wurde

---

1) E. Mahler in *AÉrt.* 29, 330; F. Fülep, *o.c.*, 224 ff, 269, Kat. Nr. 330, Taf. 80, 4. Über Azizus: Cumont, *Azizus* in *PWRE*, II, 2644; Fr. Altheim, *Niedergang der Alten Welt*, II, 220, 450-451, Anm. 275-288 mit weiterer Literatur; D. Sourdel, *Cultes Hauran*, 75 f.

2) CIL III 875 = ILS 4345. Der soziale Hintergrund der Inschrift zuerst erörtert von A. v. Domaszewski, *Die Religion des römischen Heeres*, Trier, 1895, 64 ff; zu den verwandten Inschriften von Apulum vgl. A. Alföldi, *Apollo Pythius Aziz* in *Vjestnik Hrv. Arheol. Društva* (N.S.), 1928, 223 ff und Taf. V; vgl. noch G. Cantacuzino in *Acad. Rom. Memorile Sect. Ist.* (S. 3), VIII, Bucarest 1928, 408 ff; L. W. Jones, *The Cults of Dacia* (*Univ. of California Publ. in Class. Phil.* 9, Nr. 8), Berkeley, 1929, 285 ff, 296 ff.

3) Julianus, *Orat.* IV, p. 195 (nach Jamblichos) *ed.* Hertl. In Zusammenhang mit dem okzidentalen Denkmalmaterial und den Kulten des Heeres vgl. A. v. Domaszewski, *o.c.*, 64.

4) Vgl. noch Rostovtzeff in *AJA* 23, 1932, 107 ff, auch für die Inschriften in Dazien.

von Hermias, wahrscheinlich einem Orientalen, *Marti amico et consentienti* gewidmet. Hier ist nun Mars kein Anderer, als der in romanisiertem Gewande auftretende Azizus [1]). Wie bereits bemerkt, kommt Monimos, der Name des Gefährten des Azizus, verhältnismäszig häufig unter den theophoren Namen von Intercisa vor. Zu Apulum in Dazien tritt Übrigens Azizus unter dem Namen *deus bonus puer Phosphorus Apollo* auf. Sein Kult wird hier von denselben orientalischen Soldaten gefördert, die zur Zeit der Kaiser Valerianus und Gallienus auch in Potaissa stationiert waren [2]). Übrigens weist diese Gottheit einen eigenartigen monotheistischen Charakter auf: ursprünglich war sie eine Göttin, Herrin der Rosse, wie die keltische Epona [3]).

Unter allen in Intercisa verehrten Gottheiten gibt es nur eine einzige, die die Vereinigung aller Götter in einer Person darstellt, und das ist *Deus aeternus*, und zwar in der Form, wie er hier verehrt wurde. Die Lesung der zu behandelnden Inschrift lautet unter Berücksichtigung der Lesungen der Entdecker von bisher unbekannten Teilen der erst vor kurzem gereinigten Inschrift, Franz Fülep und S. Scheiber, wie folgt *Deo Aeterno pro sal(ute) Sev(eri) Alexandri P(ii) F(elici) Aug(usti) et Iuliae Mame[ae] Aug(ustae) mat(ri) Aug(usti) vot(um) red(dit) Cosmius pr(aepositus) sta(tionis) Spondil. a(rchi)synag(ogus) Iudeo(rum)* [4]). Die Inschrift wurde also vom Befehlshaber der Zollstation Spondilla(?) und vom Synagogenvorstand dem mit *Deus aeternus* identifizierten jüdischen Jahve — Elohim für das Wohlergehen des Alexander Severus und seiner Mutter Julia Mammaea gesetzt. Eine nähere epigraphische Untersuchung

---

1) CIL III 897 = ILS 3161; derselbe Hermias stellte auch eine Inschrift, *Mercuri consentienti*: CIL 898 = ILS 3194, es ist also klar, daß unter Mars Azizus, unter Mercurius Monimus verstanden werden soll, vgl. oben Zitat des Julian, p. 24 n. 3.

2) M. I. Rostovtzeff, *o.c.*, 110, vgl. p. 24 n. 2.

3) M. I. Rostovtzeff, 110.

4) F. Fülep, *o.c.*, 144, 190, die Anm. 216-234 enthaltende frühere Literatur, doch wird dort vermißt z. B. Krauss, *Synagoge* in *PWRE*, VII; weiter Gy. Veidinger, *o.c.*, Nr. 139; S. Scheiber in *JQR* (N.S.) 45, 1954, 55, 194; Scheiber, *Corpus IHJ*, 33 ff, Nr. 4. — Vgl. einen Grabstein aus Oescus (Moesia Inferior) mit Inschrift aus dem IV. Jahrhundert: *Ioses arcisina/go/-yos et principales filius Maximini Pannoni* etc. in S. Scheiber, 49 ff, Nr. 8. Über *Deus aeternus*, s. unten.

der Inschrift ergibt, daß das *a* nach *Spondill.* für sich steht, also die Lesung *a(rchi) synag(ogus)* richtig ist. Die genaue Bedeutung des Wortes *Spondill,* ist wieder problematisch, da kein Ort dieses Namens bekannt ist. Trotzdem scheint es sich hier eher um einen Ortsnamen zu handeln als um einen Beruf, wie dies von mehreren Forschern vorausgesetzt wurde [1]). Der Name Cosmius ist ohne Zweifel orientalisch, wenn auch kein Analogon dafür bekannt ist [2]). Religionsgeschichtlich betrachtet ist das Monument von hervor-ragender Bedeutung, da von den zahlreichen *Deo aeterno* gewidmeten Denkmälern dieses zweifellos dem Gott der Juden geweiht worden war und Intercisa der einzige Ort in Pannonien ist, wo man vom Bestehen einer Synagoge weiß [3]). Besondere Beachtung verdient der Umstand, daß das Denkmal *pro salute* des Alexander Severus und seiner Mutter Julia Mammaea gestiftet wurde und es infolge-dessen die Verflechtung von monotheitischem Gottesglauben und Kaiserkult zeigt. Es war gewiß kein Zufall, daß es sich gerade um den Kult des Alexander Severus und seiner Mutter im Zusammen-hang mit dem Jahve-Kult handelte. Die vielumstrittene Stelle der Historia Augusta liefert auch einen Beweis dafür, dort heißt es: *et divos principes sed optimos electos et animas sanctiores in quis Apollonium, ut quantum scriptor suorum temporum dicit, Christum, Abraham et Orfeum . . . ac maiorum effigies, rem divinam faciebat* [4]). Allerdings heißt es weiter ebenda: *dicebatque grave esse, cum id Christiani et Iudaei facerent in praedicandis sacerdotibus, qui ordi-nandi sunt, non fieri in provinciarum rectoribus, quibus et fortunae*

---

1) F. Fülep, *o.c.,* 216, nach Mitteilung der Namensanalyse von J. Harmatta.

2) Vgl. Κοσμιάς (Roma): *IGRRP* I, 52; Κοσμίων (Lycaonia): *IGRRP* III, 24, mit der Dedikation Διί μεγίστω—sowie eine in dem aventinischen Dolichenum gefundene Inschrift, die von T. Flavius Cosmus der Gottheit geweiht wurde: A. H. Kan, *Jupiter Dolichenus,* Nr. 153; P. Merlat, 164, Nr. 182; ebda die Enumeration anderer Cosmus genannter Personen; vgl. noch S. Scheiber, *Corpus IHJ,* 36.

3) Aus Oberitalien werden mehrere Synagogen erwähnt von Krauss, *o.c.,* 1305 ff.

4) Ael. Lampridius, *Vita Alex. Sev.* (*SHA*), 29, 2-3. Für die Probleme in Zusammenhang mit der Echtheit der Stelle: W. Hartke, *Römische Kinder-kaiser,* Berlin 1951, 138, Anm. 5 (mit weiterer Literatur). Für die Echtheit der Stelle erklärte sich neuerdings auch: A. Calderini, *I Severi,* Bologna 1949, 394. Die judenfreundliche Auffassung des Al. Severus betont von Krauss,

hominum committentur et capita [1]). Gerade aus dieser Stelle erhellt, welche Bedeutung die Betonung der Kaisertreue und der Loyalität gegen die Staatsordnung für einen jüdischen Provinzialbeamten zur Zeit des Alexander Severus gehabt haben muß.

Zwei Tyche-Poleos-Statuetten aus Intercisa — wie J. Fitz betont — deuten nicht nur auf die Verbreitung der hellenistischen Kunst im römischen Ungarn, sondern auch auf einen unmittelbaren orientalischen Einfluß [2]). Die eine der fragmentarischen Statuetten stellt einen schwimmenden Flußgott dar und war ein Teil einer Bronzekopie der Tyche von Antiocheia des Eutychides von Sikyon [3]). Die über dem Silpios-Gebirge sitzende Göttin in langem Gewande, mit der Mauernkrone, unter sich den jungen Flußgott Orontes läßt sich mit Hilfe der Statuette von Brigetio leicht ergänzen [4]). Mit Recht weist Fitz den Einfall Heklers, der in der Statuette von Intercisa eine Darstellung des Danuvius erblicken wollte, zurück [5]). Er betont nachdrücklich, daß die Statuette von einem Soldaten der *Cohors Hemesanorum* aus seiner Heimat hierhergebracht worden war [6]). Eine andere, bei den im Militärlager unternommenen Ausgrabungen gefundene Tyche-Statue stellt die Göttin stehend, mit der Mauernkrone dar, in der Linken ein Füllhorn haltend, während die Rechte zerbrochen ist [7]). Die Forschung datiert beide Statuen auf das III. Jahrhundert [8]). Endlich muß in Zusammenhang mit dem Kult orientalischer Götter die Frage erörtert werden, die unbestimmt auch schon von Fülep gestellt worden war, ob nämlich in der Gestalt des *Silvanus Deus Sanctus*, dem der einzige Altarstein in Intercisa vom Aurelius Marinus errichtet wurde [9]) sich nicht dieselbe syrische Waldgottheit verbirgt wie hinter der Dedikation des Harta-Silvanus aus Doliche

---

o.c., 305; s. noch im Allgemeinen: Schürer, *Geschichte des jüdischen Volkes, im Zeitalter Jesu Christi*, III, 83, Anm. 28 (mit weiterer Literatur).

1) Lampridius, *Vita Alex. Sev. (SHA)*, 45, 7.
2) J. Fitz, *Intercisa*, II, 165.
3) J. Fitz, *o.c.*, 165.
4) Veröffentl.: A. Hekler in *Muz. és Könyvt. Ért.*, III, 1909, 199 ff.
5) A. Hekler, *Jelentés MNM*, Budapest 1911, 166 ff.
6) J. Fitz, 165.
7) J. Fitz, 165, 172, Nr. 14; vgl. *Intercisa*, I, 35, 43, Taf. X, 1.
8) J. Fitz, 165.
9) F. Fülep, 173, 202, 220, 272, Kat. 356, Taf. LXXXIII, 2.

von Aquincum [1]). Diese Tatsache schließt natürlich nicht aus, daß Mócsy mit seiner Behauptung recht hat: „die Fremden opferten dem einheimischen Kult, dem lokalen Genius" [2]). Jedenfalls deuten der typisch syrische Name des Stifters und das Attribut *Sanctus* der Gottheit auf die Verehrung einer orientalischen Gottheit hin [3]).

Unter den orientalischen Kultdenkmälern von Intercisa nimmt die von István Jàrdànyi-Paulovics veröffentlichte Tafel mit [4]) der Inschrift *IUDICIO SACRAMENTI CULTORES* eine Sonderstellung ein. Neuestens stellte A. Mócsy test, daß es sich auf dieser Tafel um die Eidleistenden bei einer Einweihungszeremonie handelt [5]). Es läßt sich schwer ermitteln, mit welches Gottes Mysteweihen diese Inschrift zusammenhängt. Mócsy denkt an den Mithras-Kult, der zahlreiche Denkmäler in Intercisa hinterlassen hat, darunter das eines *pater* [6]). Es fragt sich jedoch, ob die zur Zeit des Elagabal zur Staatsreligion erhobene Verehrung des Sol Elagabal, über deren orgiastischen Charakter unsere Quellen sich reichlich äußern, nicht auch ein ähnliches „sacramentum"verlangte? Angesichts des mangelhaften Denkmalmaterials läßt sich diese Frage nicht mit Sicherheit beantworten.

Ebensowenig sind die Beziehungen des sepulchralen Denkmalmaterials zu der orientalischen Kulten geklärt. Schon Gisela Erdélyi wies darauf hin, daß im Gebrauch des Sarkophagbegräbnisses, als dieser — im III. Jahrhundert — schon allgemein verbreitet war, in Intercisa die Orientalen, vor allem die Mitglieder der

---

1) Wie bereits erwähnt weist T. Nagy in Zusammenhang mit der Basis des vom Syrer Harta dem Silvanus geweihten Denkmals auf orientalischen Ursprung hin (T. Nagy in *Bud. tört.* (I, 2), 390. Er wirft ein ähnliches Problem in Zusammenhang mit dem Attribut *magnus* der Gottheit auf, vgl. auch Fr. Cumont, *Études syriennes*, Paris 1917, 165. Über die Beziehungen des Silvanus zum Orient (Problem des Silvanus Pantheus): Fr. Cumont in *RA* (sér. 3, tom. 12), 1892, 186 ff.

2) A. Mócsy, *Die Bevölkerung von Pannonien*, 126.

3) Vgl. G. Cantacuzino, *o.c.*, 58 (446): die „Heiligkeit" ist ein Attribut semitischer Götter.

4) I. Járdányi-Paulovics in *AÉrt.*, 78, 1951, 21 ff; Vermaseren, *CIMRM* II, Nr. 1827.

5) A. Mócsy in *Ant. in Tanulmányok* 5, 1958, 91 ff, vgl. G. Alföldy in *Acta Antiqua Acad. Scient. Hung.*, 6, 1958, 178.

6) J. Réville, *Die Religion der römischen Gesellschaft im Zeitalter des Synkretismus*, Leipzig 1906, 248.

Cohors Hemesanorum, eine leitende Rolle spielten [1]). Die neuere Forschung bringt die sogenannten Etagengräber ebenfalls mit den Orientalen in Zusammenhang [2]). Auf den sepulchralen Darstellungen tritt jedoch nur die Gestalt des trauernden Attis häufig auf: an Gräberbauten, Sarkophagen und anderen sepulchralen Denkmälern [3]). Diese Göttergestalt ist aber im III. Jahrhundert schon so allgemein verbreitet, daß sie an sich keinen Beweis für einen orientalischen Einflusz liefert. Im Denkmalmaterial von Intercisa kommen auch einige Grablöwen vor [4]), die vielleicht ursprünglich mit dem Kult der Kybele verknüpft waren [5]). Das einzige Monument dieser Art, auf welchem diese Zusammenhänge noch nicht ganz verblaßt sind, stammt jedoch nicht aus Intercisa, sondern aus dem in der Nähe liegenden Annamatia (dem heutigen Dunaföldvár). Hier erscheint Attis zwischen zwei Löwen [6]). Ein anderes Beispiel orientalischer Einflüsse ist die Grabtafel der wahrscheinlich orientalischen Aurelia Marcia und ihrer Familie [7]). Auf dieser erscheint über der auf einer Kline ruhenden Toten, im Giebel, ein Adler mit ausgebreiteten Flügeln. Die gemeinsame Komposition der hellenistisch aufgefaßten Gestalt und des Adlers legt den Gedanken nahe, daß man es hier mit einer sepulchralen Darstellung syrischen Charakters zu tun hat. Erscheint doch — wie bekannt — der Adler oft in der syrischen Grabsymbolik als ein mit dem Kulte des Sol zusammenhängendes Symbol der Apotheose [8]).

Die Rolle der orientalischen und insbesondere der syrischen

---

1) G. Erdélyi, *Intercisa*, I, 167.

2) J. Fitz, in *AÉrt.*, 86, 1951, 144.

3) G. Erdélyi, *o.c.*, 169, 171 ff, 178 ff, 187; Kat. Nr. 53, Taf. 32, 1; Nr. 80, Taf. 46, 3; Nr. 146; Nr. 148, Taf. 54, 1; Nr. 149, Taf. 54, 3; Nr. 163, Taf. 58, 4; Nr. 235, Taf. 72, 9; Nr. 236 (Kopf des Attis oder Cautopates).

4) G. Erdélyi, 160, Kat. Nr. 187, Taf. 73, 1; 241, Taf. 732; 242, Taf. 73, 3; 243 a-b, Taf. 73, 5-6; 244, Taf. 73, 7. Aber 163 Nr. 103, Taf. 80, 9 gegen die Meinung von Z. Oroszlán in *Magyar Muzeum* 1945 (Budapest 1946), 57 ff, Abb. 1-2 (enthält nach Erdélyi keine orientalische Züge).

5) A. Schober, *Die römischen Grabsteine von Noricum und Pannonien*, Wien 1923, 214; das Verhältnis der Grablöwen zu den orientalischen Kulten ausführlicher bei der Besprechung des Denkmalmaterials von Savaria.

6) G. Erdélyi, 187.

7) G. Erdélyi-F. Fülep, *Intercisa*, I, 216; 244, Kat. Nr. 75.

8) Cumont, *Études syriennes*, 36 ff; 108 ff. Weitere Literatur: Z. Kádár in *Acta Ant. Acad. Scient. Hung.* 3, 1955, 108 Anm. 12.

Kulte im religiösen Leben von Intercisa kurz zusammenfassend
kann man mit J. Fitz betonen: „Auffallend ist in Intercisa nicht
nur der übermäßige Kult des hemesinischen Götterpaares, sondern
auch die so gut wie völlige Abwesenheit der übrigen syrischen
Gottheiten [1]). Dem muß jedoch sofort hinzu gefügt werden, daß
sich — wahrscheinlich auch auf Grund des Mangels an Denkmalmaterial gerade aus der Zeit des Elagabal dieses großen Propagators
hemesinischer Kulte — kein einziges mit Bestimmtheit als orientalisch zu bezeichnendes Monument nachweisen läßt. Die datierbaren Denkmäler des Kultes des Sol-Elagabal, der Diana Tifatina
und des Azizus von Edessa stammen aus der Zeit des Septimius
Severus, der Julia Domna und des Caracalla, das dem mit Jahre
identifizierte *Deus aeternus* geweihte Votum und das von den
Soldaten der orientalischen Truppen der Diana Augusta gestiftete
Denkmal aber aus der Zeit des Alexander Severus. Es fehlt gerade
die mittlere, zwar kurze, für die Hemesaner Kulte aber wichtigste
Periode. Und doch ist diese Zeit für das Verständnis der Kulte von
Intercisa schon deshalb von Belang, weil nur hier mit Gewißheit
festgestellt werden konnte, daß Diana als weibliches Gegenstück
des Sol-Elagabal auftrat. Unsere Quellen lassen nämlich auch
Diana als weibliche Paredros des Sonnengottes auftreten. Darum
wird die Zusammenstellung des Sonnengottes und der Mondgöttin
der Theologie der Zeit entsprechend als ἱερὸς γάμος bezeichnet [2]).
Eben deshalb „bringt er seinen Gott mit der Diana von Laodicea,
einer syrisch-phönizischen Astarte zusammen" [3]). Übrigens nehmen
die Göttinnen im Kult von Intercisa nicht viel Platz ein, was sich
wohl aus dem militärischen Charakter der Kolonie erklart. Besonders bedeutend ist der Kult des mit *Deus aeternus* identifizierten
Jahve-Elohim, dieser wichtige Beweis für die Geschichte der
jüdischen Diaspora in Pannonien. Auch ist zu bemerken, daß, im
Gegensatz zu Aquincum und wohl infolge der Anhänglichkeit der
syrischen Cohors an ihre heimatlichen Götter, der Mithrasdienst in
Intercisa keine führende Rolle unter den orientalischen Kulten
spielen konnte.

1) Fitz in *Acta Arch. Acad. Scient. Hung.* 11, 1959, 261.
2) Cumont, *Elagabal* in *PWRE*, V, 2221.
3) J. Réville, *o.c.*, 249, Anm. 3.

Die andere Reitertruppe, die *Cohors I Alpinorum equitata*, hatte sich in Intercisa vor den Hemesanern aufgehalten; doch ist aus diesem Lager kein einziges Denkmal religiösen Inhalts auf uns gekommen. Südlich von Intercisa in der Ortschaft Kömlöd (dem antiken Lussonium) ist ein Altarstein bekannt, der von einem Präfekten *Fortunae salutari* für das Wohlergehen des Kaisers Septimius Severus geweiht wurde und wohl mit dem Kaiserbesuch von 202 zusammenhängt [1]).

Ebenso kann der Altarstein eines anderen Präfekten (ob früheren oder späteren ist ungewiß) erwähnt werden, der folgende Inschrift trägt: *I(ovi) o(ptimo) m(aximo) Dol(icheno) L(ucius) Quirin[a] (tribus) Passerianu[s] praef(ectus) pro sua salut(e) et M(arci) Iul(ii) Catu[l]li patris, [v(otum) s(olvit) l(ibens) m(erito)]* [2]). Dieser Stein wurde in Kömlöd gefunden und gilt einer orientalischen Gottheit. Merlat bemerkt hierzu, daß die Angabe der Tribus bei der Datierung einen Anhaltspunkt bietet und es ermöglicht, den Alter in die Zeit vor dem Edikt des Caracalla (212) zu setzen [3]). Der Altar ist wohl das einzige Denkmal orientalischer Art dieser Cohors, für den Doli-chenus-Kult des Lagers von Lussonium steht er aber durchaus nicht allein. Aus dem Lager von Kömlöd stammen jene zwei ziemlich großen (36 cm hohe und 27 cm breite) mit dem Dolichenus-Kulte zusammenhängenden triangulären Bronzeplatten, einst vergoldet und versilbert, die die Fachliteratur so lebhaft beschäftigten [4]). Ursprünglich mit den Rücken zusammengefügt, stellten die beiden Platten eine auf einer metallenen Stange ruhende Fahne dar (solch eine, später näher erörterte Metallstange wurde in Brigetio entdeckt). Auf der vorderen Platte sieht man vier durch einen Perlenschnurschmuck getrennte Darstellungen, darunter die In-

---

1) CIL III 3315; T. Nagy in *AÉrt.* 1940, 49, Anm. 224; *AÉrt.* 82, 1955, 235; *Acta Arch. Acad. Scient. Hung.* 7, 1956, 65, Anm. 147; J. Fitz, *o.c.*, 240; Vgl. auch J. Fitz in *Acta Ant. Acad. Scient. Hung.* 7, 1959, 431, 435, 439.

2) CIL III 10297; Kan, II, 64, Nr. 61; Merlat, 69 ff, Nr. 68 (mit weiterer Literatur).

3) Merlat, 70.

4) Kan, 62, Nr. 60, Taf. 6, 8a und b; Merlat, 59 ff, Nrs 65-66, Taf. IV, 2; Miller, *Cimeliotheca Musei Nat. Hung.*, 133; Gy. Veidinger, 11 und 33, Nr. 166; Paulovics, *Régészeti Gyütemény Vezetöje, Magyar N. Muzeum, O.M. Tört. Muz.*, Budapest 1939, 84, Abb. 120. Für die auf die Inschrift bezügl. Literatur s. weiter unten!

schrift. Zu oberst ist ein Blumenmotiv angebracht [1]), darunter die
Büsten des Sol und der Luna, dann folgt die übliche Hauptszene:
Jupiter Dolichenus auf dem Stier reitend. Der Gott ist in ein
Militärgewand gekleidet, auf dem Kopf trägt er eine kleine Phrygermütze, in der vorgestreckten Rechten ein mächtiges Blitzbündel,
in der nach rückwärts deutenden Linken die Bipennis. Der Stier,
auf dem er sitzt, ist im Profil, sein Kopf en face dargestellt. Über
ihm steht ein achtzackiger Stern, hinter ihm Victoria, die dem
Gott einen Kranz darreicht. Die Gestalt ist in Verkürzung dargestellt, wo durch der Unterleib zu groß, der Kopf aber zu klein
ausfiel. Rechts neben dem Stierkopf sieht man einen kleinen Altar,
darüber eine Flammenzunge, zu allerunterst rechts die Büste des
Herkules mit der Keule, links Minerva mit dem Speer [2]), von dem
ein Band herunterhängt. Auf der langen flachen Basis unter dem
Stier die Inschrift *Iovi Dulcheno*, *P(ublius) Ael(ius) Lucilius
> coh(ortis) I Alp(inorum) ped(itatae)* [3]). Es ist bemerkenswert,
daß der Meister des Platten den Inhalt auch Kompositionell
künstlerisch vollkommen auszudrücken verstanden hat, indem er
die vielflächige Komposition vollständig von der Gestalt des
siegreichen Gottes beherrscht sein läßt. Trotzdem macht sich im
ganzen Werk eine gewisse Monotonie bemerkbar. So trägt Sol, der
junge Sonnengott, dieselbe dichte, gekräuselte Frisur wie Heraklés.
Andererseits zeugt die Ausführung der Hauptgestalt und des Stiers
von hervorragenden anatomischen Kenntnissen. Auch kann es
kein Zufall sein, daß das Blitzbündel gerade dreimal so lang ist wie
der Bipennis. Diese Proportion sollte wohl den Charakter des
Gottes als *fulminans* unterstreichen.

Die hintere Platte ist in der Komposition komplizierter. Die fünf

1) Die mit diesem Motiv verknüpften Probleme: P. Merlat, 60 ff (mit
weiterer Literatur).

2) P. Merlat, 63. Seiner Ansicht nach ist es Mars; diese Auffassung ist
unhaltbar, da man am halb entblößten Busen sehen kann, daß es sich um
eine Frauengestalt handelt. Für die Rolle der Minerva in den syrischen
Kulten s. übrigens weiter unten.

3) So lasen auch schon Rómer und Desjardins, *o.c.*, 10; diese Lesung
bestätigt von A. Radnóti-L. Barkóczi in *AÉrt.* 78, 1951, 94. Diese wurde
auch von T. Nagy angenommen in *AÉrt.* 81, 1954, 113; Ders. in *Acta Arch.
Acad. Scient. Hung.* 7, 1956, 65, Anm. 145, der die Lesung von CIL III 3316,
3317 zuletzt einer Revision unterzog.

Streifen sind durch Perlenschnüre getrennt, die Platte (ähnlich
wie bei der anderen, auf der dies jedoch weniger bemerkbar ist)
von einer nach unten laufenden Efeurankenreihe umgrenzt. Auch
hier ist zu oberst ein aus verschnörkeltem Gezweig bestehendes
Feld zu sehen, darunter ein zurückblickender Adler, dann die Büsten
von Sol und Luna, neben der ersten die Peitsche, heben der zweiten
die Fackel. Im Mittelpunkt des breitesten, mittleren Streifens
steht ein Altar mit dreifach lodernder Flamme, darüber ein mit
einem Band zusammengehaltener Blumenkranz, rechts auf einem
zum Altar schreitenden Stier Jupiter Dolichenus mit den bekannten Abzeichen; links naht auf einer Ziege Juno Regina. In der
Mitte des untersten Streifens steht unter mit rückwärts blickenden
Adlern verzierten Legionsabzeichen der gepanzerte Jupiter
Dolichenus (oder nur Jupiter?) ohne Stier zwischen zwei Säulen.
Er steht unter einem Baldachin, dessen Gewebe derart verflochten
ist, daß es ein lilienförmiges Akroterion bildet [1]). Rechts und links
neben dieser Komposition an den Seiten der Fläche findet sich je
eine militärisch gekleidete Göttergestalt barhäuptig, von den
Knien an aus zwei Stierprotomen hervorragend, die mit ihnen durch
eine siebenblättrige Rosette verbunden ist. Der Gott rechts hält
in der vorgestreckten Linken ein Blitzbündel, der Gott links in der
vorgestreckten Rechten eine rosettenförmige Scheibe (die Sonnen-
scheibe?). Hinter der Szene ist eine lange schmale *tabula ansata*
ohne Inschrift [2]). (Taf. III Abb. 4). Die mit der Platte gleichzeitig
entdeckte Victoria-Statuette [3]) stand auf der Spitze der aneinander-
gefügten Platten, wie dies auch beim Fund von Mauer an der Url

---

1) So Merlat, 66; Kan, 62, also keine aedicula, wie A. v. Domaszewski
u. I. Paulovics meinten. Die in der Mitte stehende gepanzerte Göttergestalt
ist laut A. v. Domaszewski, 60 eine Darstellung des Jupiter Dolichenus,
laut P. Merlat handelt es sich um eine Darstellung des Jupiter Optimus
Maximus und nicht um den östlichen Jupiter; in diesem Falle also wäre die
Symbolik der Platte ein Beweis für den politisch gefärbten Synkretismus
der beiden Gottesbegriffe. Man darf jedoch nicht vergessen, daß z.B. in
Palmyra Bel sowohl als Baalsamin in Militärkleidung auftreten (allerdings
halb Parther halb Römerweise!).
2) Laut A. H. Kan, 63 ,,An der unteren Stelle der Platte war auf einer
tabella ansata eine zweizeilige Inschrift eingraviert, die aber vollständig
verschwunden ist."
3) A. H. Kan, 62; P. Merlat, 69, Nr. 67, fig. 13.

zu sehen ist [1]). Eine Untersuchung der Blechtafeln von Kömlöd
ergibt, daß beide wahrscheinlich das Werk derselben Hand sind
— worauf (unter anderem) die gleiche Frisur der beiden Sol-
Gestalten hinweist. Trotzdem weisen sie sowohl vom ikonographischen als auch vom künstlerischen Standpunkt aus gewisse
Unterschiede auf. So ist die Ausführung nicht nur in ihren Attributen, sondern sogar in der Darstellung der beiden Götterpaare
leicht verschieden. Weiter ist die Darstellung des Stiers auf der
zweiten Platte oberflächlich, ihr fehlt der frische Realismus, der das
mit der Hauptgestalt der ersten Platte gemeinsam dargestellte
Tier charakterisiert. Andererseits mag es wohl aus der gleichen
Bedeutung der Götter fließen, wenn Stier und Ziege der zweiten
Platte von gleicher Größe sind. Die religionsgeschichtliche Bedeutung der Platte wurde von der Forschung eingehend studiert,
zuletzt von P. Merlat [2]). Die erste Platte bietet keine besonderen
Probleme; es ist klar, daß auf ihr Jupiter Dolichenus im Rahmen
eines *triumphus solaris* dargestellt wird. In diesen Rahmen fügt
sich die Gestalt des Herakles gut ein, der ja auch auf einem Relief
des Bêl-Tempels von Palmyra neben einer Sonnengöttin sowie
den Gestalten der dem Sol und der Luna entsprechenden syrischen
Götter Yahribôl und Aglibôl auftritt [3]). Auf einem der Reliefs aus
Palmyra erscheint wieder neben Yahribôl und Aglibôl, unbekanntem syrischen Gott und Göttin, in der rechten Ecke des Reliefs
Minerva im korinthischen Helm, die von den Syrern mit Allat
identifiziert wurde [4]).

Problematischer ist die Ikonographie der zweiten Platte. Die
oberen beiden Streifen sind fast identisch mit den beiden entsprechenden Feldern der einen Platte von Mauer a.d. Url. Dasselbe
gilt auch für den dritten Streifen nur daß auf dem erwähnten aus
Noricum ,,Juno Regina mit Schale und Szepter auf einem Tier, das
trotz der Zerstörung dieser Partie einwandfrei als Hirschkuh zu

1) R. Noll, *Der große Dolichenusfund von Mauer a.d. Url* [3], Wien 1941,
26, Abb. 4.
2) Merlat, *l.c.*
3) Eine gute Photographie bei A. Champdor, *Les ruines de Palmyre*,
Paris, 1953, 85.
4) A. Champdor, 114.

bestimmen ist," erscheint [1]). Ähnlich verhält es sich beim Fund von
Jassen (Bononia, Moesia Superior). Hier erscheinen unterhalb des
Götterpaares, in der Mitte, von Kriegsinsignien umgeben, neben
dem am Altar opfernden bärtigen Manne zu beiden Seiten Gestalten
mit der Phrygermütze gerade wie auf der ersten Platte von Kömlöd [2]). Dieselbe Gottheit zwischen zwei Stierprotomen tritt auf der
fragmentarischen Platte im Noricum von Trigisamo wieder auf [3]).
Außerdem ist auch eine ähnliche Bronzestatuette bekannt (Auf-
bewahrungsort: Kunsthistorisches Museum, Wien. Vielleicht aus
Pannonien?) [4]).

Wer ist diese Gottheit? Kan erwähnt, daß bei Palmyra auf einem
Steinrelief eine ähnliche Göttergestalt entdeckt wurde; in Ermang-
lung einer Inschrift ist er jedoch auch nicht imstande, diese genau
zu identifizieren [5]). In seinem Werk über die typologische Entwicklung des Gottes auf dem Stier macht Halil Demircioğlu im
Zusammenhang mit einem hittitischen Felsenrelief (im Grenz-
gebiete Malataya) folgende Bemerkung: „In ihnen erscheint vor
dem opfernden König ein stehender Gott allein oder von einem
galoppierenden Stier begleitet... hinter dem der gleiche Gott
einen von Stieren gezogenen Wagen lenkt" [6]). Die in Frage stehende
Komposition zeigt eine spätere, vereinfachte Form mit der frontalen Darstellung des vorbeisausenden Stierwagens, der selbst
nicht mehr abgebildet, sondern nur durch die in Halbrelief erscheinende Gottheit angedeutet wird (vgl. hierzu unter den pannonischen Metallreliefs die Darstellung des Sol in Intercisa) [7]). Im
Götterpaar des Dreiecks von Kömlöd erblickt neuestens P. Merlat
eine Darstellung der Castores [8]), wie sie auch auf einem römischen Denkmal (wahrscheinlich aus dem großen aventinischen
Dolichenum) anftreten. Dieses trägt die Dedikation I.O.S(oli)

---

1) R. Noll, 9 und 26, Abb. 4; A. H. Kan, II, 84, Nr. 119, Abb. 13.
2) A. H. Kan, 57, Nr. 41, Abb. 5.
3) A. H. Kan, 80 ff, Taf V, a-c.
4) A. H. Kan, 75, Nr. 101, Taf. IV, Abb. 6.
5) A. H. Kan, 76.
6) H. Demircioğlu, *Gott auf dem Stier, Geschichte eines religiösen Bildtypus*,
Berlin 1939, 68, B 73, Taf. II.
7) Vgl. A. Radnóti, *Intercisa*, II, 257, Taf. 62, 2.
8) Merlat, 68; vgl. 39 f, 47, 49, 117 f.

p(raestantissimo) D(olicheno) et Iunoni sanctae Herae; Castorib(us) et Apollini conservatoribus [1]). Die Inschrift weist klar darauf hin, daß man es hier mit ihrem Wesen nach solaren bezw. astralen Gottheiten zu tun hat. Von den syrischen Göttergestalten besitzen aber die bekanntesten Götterpaare, besonders die von Palmyra, ohne Ausnahme einen astralen Charakter. Demnach ist es gewiß, daß der untere Teil der zweiten Platte von Kömlöd kriegerische Himmelsgottheiten darstellt. Unserer Ansicht nach gehört in den syrischen Kreis der in Frage stehenden Darstellung auch jene Tessera aus Palmyra, wo unter einem Baldachin, unter einem mit Banden geschmückten Blumenstrauß drei Götter im Militärgewand erscheinen. Die Rechte hält das lange Szepter, ihre Linke ruht auf dem Griff ihres Säbels. Der Gott rechts hat über sich die Sonne, der Gott links den Mond. Es handelt sich hier um die frontalen Darstellungen des Bêl, Yahribôl und Aglibôl [2]).

Zeit und historische Bedeutung der Platte werden von der Inschrift bestimmt. Eine solche kommt nur auf der Vorderseite vor; die technische Lösung der Inschrift, die auf der Rückseite angebrachte *tabula ansata*, deutet darauf hin, daß man es hier mit importierten Platten zu tun hat, denen die entsprechende Inschrift nachträglich auf Wunsch des Bestellers eingegraben wurde.

Was die Cohors der Inschrift betrifft, so hat die neuere Forschung ermittelt, daß sie in den 60-er Jahren des II. Jahrhunderts in Bölcske bei Kömlöd stationiert gewesen war [3]). Wahrscheinlich hat die *Cohors I Alpinorum peditata* ,,in der ersten Hälfte des III. Jahrhunderts viel in Lussonium verkehrt, ja sie kann das Lager in Bölcske mit dem in Kömlöd um diese Zeit vertauscht haben'' [4]). Hier löste sie wahrscheinlich die früher im Kömlöd stationierte *Cohors I Alpinorum equitata* in der ersten Hälfte des III. Jahrhunderts ab [5]). Möglicherweise wurde die Truppe, die später in der

1) CIL VI 413 = ILS 4320; die richtige Lösung und Interpretation zuerst bei H. Demircioğlu, Nr. 133, dann bei A. H. Kan, 102, Nr. 156.

2) Eine gute Photographie bei A. Champdor, *o.c.*, 126. Vgl. noch zu diesem Problem, u.a.: M. I. Rostovtzeff, *o.c.*, 112: ,,At El Khazne in Petra Azizu is shown both als Castor and Polydeukes''; Merlat, 95 Anm. 1; 111.

3) T. Nagy in *AÉrt.* 81, 1954, 113; Ders. in *Acta Arch. Acad. Scient. Hung.* 7, 1956, 65.

4) T. Nagy, *l.c.*

5) T. Nagy, *l.c.*

Gegend von Mursa erscheint, um diese Zeit in ein Castrum des Limes im Komitat Baranya versetzt [1]).

Jedenfals liefern die Dolichenus-Denkmäler von Kömlöd einen schlagenden Beweis für die Popularität, deren sich die Kulte dieser syrischen Gottheit in den unsicheren Zeiten des III. Jahrhunderts nicht nur unter den orientalischen Soldaten, sondern auch unter den römischen Soldaten aller Nationen erfreuten, die sich von den lichtbringenden syrischen Gottheiten einen Trost erhofften.

Die wichtigste Dolichenus-Inschrift auf dem Gebiete von Pannonia Inferior wurde in Sárpentele bei Székesfehérvár zusammen mit einem andern Denkmal ähnlichen Inhalts gefunden. Diese Steine stammen — nach der Vermutung von Árpád Dortmuth [2]), die neuestens auch von J. Fitz bestärkt wurde [3]) — aus der Ortschaft Tác (dem antiken Gorsium, später Herculia). Diese Kolonie entstand auf der Diagonale Aquincum-Balaton [4]), also auf dem Wege nach dem sog. Inneren Pannonien und erwarb sich durch ihr *Castrum alae* schon gegen Ende des I. Jahrhunderts einen Ruf [5]). Diese Bedeutung wuchs nach der Entstehung des Wegenetzes von Sopianae nach Brigetio und Aquincum mit dem Mittelpunkt Gorsium [6]). Gorsium war um die Wende des II. und III. Jahrhunderts vielleicht die wichtigste der unterpannonischen Siedlungen westlich des Limes [7]). Das in einem der Lokale der unlängst entdeckten großartigen römischen Villa gefundene kultische Denkmalmaterial — das bedeutendste davon ist eine Venus-Statuette von alexandrinischem Charakter aus dem letzten Drittel des II. Jahrhunderts — enthält außerdem noch andere orienta-

---

1) T. Nagy in *AÉrt.* 81, 1954, 113 ff; Ders. in *Acta Arch. Acad. Scient. Hung.* 7, 1954, 65 ff.

2) Die briefliche Mitteilung von A. Dormuth zitiert bei A. Alföldi in *AÉrt.* 52, 1932, 216.

3) J. Fitz, *Zur Frage der ins Komitat Fejér verschleppten Steindenkmäler aus der Römerzeit,* Székesfehérvár, 1958, 11 ff.

4) A. Radnóti in *Pécs sz. kir. város „Majorossy Imre Muzeumának" Értesitöje,* 1939/40, 40, 37.

5) J. Szilágyi in *Acta Arch. Acad. Scient. Hung.* 2, 1952, 241; A. Sz. Burger in *AÉrt.* 83, 1956, 193; M. Kanozsay in *Antik Tanulmányok* 4, 1957, 115.

6) J. Fitz, 16, Anm. 16.

7) J. Fitz, *l. c.*.

lische Gegenstände [1]). Edith B. Thomas, die das Material veröffentlichte, stellte fest, daß „wir die Kultstelle einer orientalischen
Mysteriengottheit vor uns haben, wo die Mithras-Religion, die ihr
sehr nahe stehende Thrakische Gottheit oder der Kabierenkultus
zwar vorherrschten . . ." [2]). Die neueren Funde von Tác, die zur Zeit
veröffentlicht werden, haben unsere Kenntnisse von den dortigen
orientalischen Kulten beträchtlich erweitert. So kamen unter
anderen vier kleine (12-19 cm) Bronzeglöckchen zum Vorschein
die — wie dies auch bei den noch näher zu erörternden Funden
von Brigetio der Fall ist — mit dem Dolichenus-Kult zusammenhängen mochten [3]). Auf Grund all dieser Beweise scheint es wahrscheinlich, daß die im folgenden zu untersuchenden Inschriften
nicht — wie frühere Forscher meinten [4]) — aus Aquincum nach
Sárpentele gekommen sind, sondern dass J. Fitz recht behält, der
sie aus Gorsium stammend denkt [5]). Bereits A. Alföldi hat — im
Gegensatz zu Th. Mommsen [6]) — nachgewiesen, daß die Lesung
templum divi Marci der einen Inschrift nicht richtig sein kann.
Die richtige Lesung lautet: *[Imperat]ores [d(omini) nn(ostri) L.
Sept(imius) S]everus et M.[Aur(elius) Antoninus Aug]usti templu(m)
D[olicheni vetus]tate conlap[sum restituerun]t cur[ante . . .]* [7]). Die
Inschrift gedenkt also der Restaurierung des Tempels des Jupiter
Dolichenus für das Wohlergehen der Kaiser Septimius Severus und
Caracalla und steht demnach mit dem Besuch im Jahre 202 in Zusam-
menhang [8]). Die Lesung der zweiten Inschrift bietet weniger, ihre
Interpretation aber umso mehr Probleme. Sie lautet: *I(ovi) O(ptimo)
[M(aximo)] Dolc(heno) pro sal(ute) dd(ominorum) nn(ostrorum*

---

1) E. B. Thomas in *Acta Arch. Acad. Scient. Hung.* 6, 1955, 99, Taf. 28,
1, Ders., *Archäologische Funde in Ungarn*, Budapest, 1956, 282, und Abb.
S. 223.

2) E. B. Thomas, 102; Ders. in *Acta Arch. Acad. Scient. Hung.* 11, 1959,
241 ff, 258, 262.

3) Freundliche Mitteilung von J. Fitz.

4) A. Alföldi in *AÉrt.* 1940, 215 ff; T. Nagy in *Bud. tört.* (2), 438.

5) J. Fitz, 11 ff; Ders. in *Acta Arch. Acad. Scient. Hung.* 11, 1959, 241 ff,
258, 262.

6) Th. Mommsen in CIL III p. 432 ad Nr. 3345.

7) A. Alföldi in *AÉrt.* 1940, 217, Taf. 27, 2; P. Merlat, 69 (mit weiterer
Literatur) J. Fitz, *l.c.*.

8) So Alföldi, *l.c.*; J. Fitz, *l.c.*; neuerdings G. Alföldy in *Ant. Tan.* VIII,
1961, 302.

Augg(ustorum) tot(ius) pro(vinciae) sacerdote[s] [1]). (Taf. II. Abb. 3).
Die frühere Forschung setzte die Entstehungszeit dieser Inschrift,
obwohl ihre Ausführung in nichts hinter der anderen zurückbleibt,
um die Wende des III. und IV. Jahrhunderts an und brachte sie
mit einer christenfeindlichen heidnischen Zusammenkunft in
Zusammenhang, die in Aquincum stattgehabt haben soll [2]). Es
darf jedoch nicht übersehen werden, daß schon A. H. Kan festgestellt hatte: „In Italien aber und in den Provinzen ist in der
zweiten Hälfte des III. Jahrhunderts der Dolichenuskult vollständig verschwunden" [3]). Seit der Zeit, als Kan dies schrieb, ist
keine mit Gewissheit zu datierende Inschrift aufgefunden worden,
die seiner Behauptung widersprechen könnte. Der Rückgang des
Dolichenuskultes ist ja eine Folge konkreter geschichtlicher und
politischer Tatsachen [4]). J. Fitz trifft wirklich das Richtige mit
seiner Behauptung: „Die Inschrift zeugt für einen noch lebenden
und blühenden Kult; man wird also für die Datierung keineswegs
eine spätere Zeit als die erste Hälfte des III. Jahrhunderts wählen
dürfen [5]). Mit Recht datiert er also die Inschrift in das Jahr 202,
die Zeit des Kaiserbesuches [6]).

Leider ist der Fundort jener orientalischen Holztafelfragmente
nicht bekannt, die aus einer lokalen Privatsammlung ins Museum
von Székesfehérvár abgeliefert worden sind. J. Hampel, der diese
Tafeln veröffentlichte, gelang es auch nicht, von den Umständen
des Fundes mehr zu ermitteln, als daß im betreffenden Grabe
zwei Tote lagen [7]). Auf dem größeren der beiden Tafelfragmente
(ca 16 cm Länge) sieht man mit ursprünglich metallener Einlage in
einem Doppelkreis die Büste des Sols: auf den gekräuselten Haaren
die zwölfzackige Strahlenkrone, den rechten Arm entblößt, auf der
rechten Schulter eine Fibula, die seine die Brust und die linke

1) A. H. Kan, 64, Nr. 62; vgl. P. Merlat, 72, Nr. 70 (mit weiterer Literatur);
S. noch: Anm. S. 38. n. 4.
2) A. Alföldi in *AÉrt.* 1940, 218 ff setzt seine Zeit um 260-330; T. Nagy
datiert in die Periode 306-311.
3) A. H. Kan, 21.
4) Vgl. A. Calderini, *o.c.*, 395 ff.
5) J. Fitz, 241.
6) J. Fitz, 241, 258; G. Alföldy in *Ant. Tan.* VIII, 1961, 302.
7) Hampel in *AÉrt.* 14, 1898, 282 ff (von den Umständen des Fundes
S. 283) ließ schon die orientalischen Beziehungen der Denkmäler ahnen.

Schulter bedeckende in reichen Falten niederfallende Chlamys zusammenhält. Vor dem rechten Arm sieht man die Peitsche, neben dem Rundbild die Buchstaben *SO* [1]). (Taf. III. Abb. 5). Auf der entgegengesetzten Seite ein Frauenbildnis mit hoher Turmfrisur, über den Haaren die Mondsichel, am Körper das ähnlich wie bei Sol faltenreiche Chiton. Von ihrem Namen *Luna* ist nur das *N* erhalten [2]). Das andere, viel kleinere (ca 6 cm lange)Holztäfelchen ist leider sehr fragmentarisch. Es zeigt einen weiblichen Kopf mit turmartigen Schmuck, von dem ein Schleier in Wellenlinien niederfällt [3]). Hier gibt es überhaupt keine Inschrift mehr. Einen diesem charakteristischen Kopfschmuck ähnlichen sieht man auf den Abbildungen der Artemis von Ephesos und Anaitis, wo sie ein mit einem Schleier geschmücktes Türmchen auf dem Kopfe trägt [4]). Mit dem sonderbaren Kopfschmuck hat sich neuerdings Ronzevalle im Zusammenhang mit einigen Darstellungen des weiblichen Paredros des Jupiter Heliopolitanus eingehend befaßt [5]). Eine Analogie zur Ikonographie dieser Tafeln von unbekannter Herkunft findet man auf einer Tessera aus Palmyra. Auf dieser erscheint eine weibliche Gestalt mit Kalathos, in Frontalansicht, rechts von ihr die Büste des Sol, links die der Luna, beide ihr zugewandt [6]).

Ebenfalls im Museum von Székesfehérvár (nach freundlicher

1) Hampel, 282 ff und Abb. S. 280, Ia.
2) Hampel, 283 und Abb. S. 261, II b (Druckfehler statt Ib!).
3) Hampel, 283 und Abb. S. 262, II a-b.
4) Vgl. A. B. Cook, *o.c.*, II, 362 ff, 408 ff und fig. 255, 259, 309-319; M. P. Nilsson, *Gesch. d. griech. Religion*, II, Taf. 16, 6-7 ("Anaitis").
5) P. S. Ronzevalle, *passim*, hauptsächlich 101 ff.
6) A. Champdor, *o.c.*, 125 (nach Du Mesnil du Buisson, *Tessères et monnaies de Palmyre*, Paris 1944); es ist zu bemerken, daß die Behandlung des Haares des Sol lebhaft an der Stil der Darstellungen der entsprechenden Götter in der Kunst von Palmyra erinnert, z.B. A. Champdor, Abb. S. 42; (terrakotta); vgl. auch die Haarflechten bei Aglibôl und Malagbel Abb. S. 48 (Relief i.d. Musée du Louvre); Abb. S. 85: das erwähnte Relief des Bel-Tempels; neben Herakles eine Sonnengöttin, neben dieser eine Mondgöttin, dann am Ende wieder ein Sonnengott, alle drei mit ganz ähnlicher Frisur; Abb. S. 137: im unteren Felde des Reliefs die Sonnenrosette, neben einem nach rückwärts blickenden Adler, Malakbel mit ganz ähnlicher Frisur, auch oben eine ähnliche Gottheit zwischen zwei Greifen. Für die innerasiatischen Beziehungen der Komposition der erwähnten syrischen Tessera s. neuestens: A. M. Belenockij, *Skulptura dschivopisi drevnego Pjandjikenta*, Mosskva 1959, 56 ff, fig. 10-13; vgl. Sol auf dem Relief vom Esquilin: Merlat, 180, fig. 30.

Mitteilung von J. Fitz aus dem Fundorte bei Csákvár) wird ein unveröffentlichtes [1]) kleines Bronzemedaillon aufbewahrt, auf dem eine weibliche Büste mir Kalathos in Stirnansicht zu sehen war; diese Figur erscheint zwischen Kultgeräten: rechts zwei verschieden geformten Flöten; links einem Paar Becken. Die ganze Komposition ist in einem aus einer Perlenschnur geformten Kreis untergebracht. (Taf. IV. Abb. 6). Ganz ähnliche Kultgeräte sind an einem berühmten Relief des römischen Archigallus im Konservatorenpalaste von Rom zu sehen [2]). Die Göttin auf dem Medaillon aus Csákvár ist also Kybele, die große kleinasiatische Muttergöttin.

Um auf die wichtigsten in den Kolonien längs des Limes von Pannonia Inferior gefundenen orientalischen oder genauer kleinasiatischen und syrischen Denkmäler zurückzukommen, muß erwähnt werden, daß die Ausstrahlung des Baltis-Kultes von Aquincum durch den in der Nähe dieser Stadt gefundenen Altarstein bezeugt wird. Dieser wurde *Balti Aug(ustae)* zu Ehren von einem gewissen *Catonius [Omun ?]cio* erstellt, dessen orientalische Abstammung von T. Nagy mit Recht bezweifelt wird [3]).

Im Fundmaterial des nördlich von Aquincum liegenden Soldatenlagers Ulcisia Castra wurde bisher kein ausgesprochen orientalisches Kultdenkmal entdeckt, obgleich die *Cohors miliaria nova Severina Surorum sagittariorum* zu Anfang des III. Jahrhunderts hier stationiert war [4]). Die in Szentendre entdeckten sepulchralen Denkmäler — darunter eine mit einem trauernden Attis geschmückte Grabaedicula-Wand [5]) oder ein Giebelfragment mit dreifacher Wölbung [6]), von einem Löwen und einem laufenden Band verziert — sind höchstens ein blasser Widerschein kleinasiatischer Grabkulte, keinesfalls aber syrischen Ursprungs. Ein Grabsteinfragment mit halb lateinisch, halb griechisch abgefaßter In-

1) Vorläufig erwähnt in *Székesfehérvári Szemle*, 1939, 32, Inv. Nr. 3516.
2) J. Leipoldt, *o.c.*, XVIII, Abb. 150; vgl. auch. die rechte und linke Seite des römischen Taurobolienaltars aus dem Jahre 295: J. Leipoldt, Abb. 151, c-d.
3) CIL III 10574; T. Nagy, in *Bud. tört.* (I, 2), 458, Anm. 496 (unrichtig veröffentl. von Gy. Veidinger, Nr. 113).
4) L. Nagy in *AÉrt.* 52, 1939, 126 ff, 128 ff.
5) L. Nagy in *Bud. tört.* (I, 2), 474, Taf. 69, Abb. 4 (seiner Ansicht nach ein Produkt der Werkstatt von Aquincum).
6) L. Nagy, 474.

schrift MEMOPIA IVDATI PATIRI ET MEMOPIA KACCIE EYΛ darunter die siebenarmige Menora, das heilige Symbol der Juden [1]), (gegenwärtig im Jüdischen Museum von Budapest) ist das einzige in dieser Gegend gefundene Denkmal sicher orientalischen Ursprungs. Dieses Denkmal wird von A. Scheiber auf das III. Jahrhundert datiert [2]), im Gegensatz zu jenem anderen Stein aus Albert-Irsa oder eventuell aus Aquincum, auf welchem neben einer früheren lateinischen Inschrift wieder die Menora und dreimal die Formel ΕΙΣ ΘΕΟΣ auftritt und den Schreiber schon ins IV. Jahrhundert ansetzt [3]). Die neuere Inschrift lautet: MHMOPIA ANECTACIO ET ΔΕΚΟΥCANI ET BHNEIAMI ET NOCTRΩ ΦΕΙΛΕΙΩ. Gewiß sind beide Steine, ebenso wie das erwähnte Votum von Intercisa ein Zeugnis dafür, daß die jüdische Diaspora der Römerzeit sich in Pannonien längs des Donaulimes festsetzte [4]).

Zwischen Pannonia Inferior und Pannonia Superior nimmt Brigetio eine sonderbare Zentralstellung ein. Diese Stadt wurde nämlich als einzige von allen anderen längs der Nordlinie des

---

1) Aus Esztergom ist eine Person syrischer Abstammung von der Rechtstellung eines Peregrinus bekannt (Grabstein aus dem 1. Jht.): J. Dobiáš, o.c., 22; A. Mócsy, *Die Bevölkerung von Pannonien*, 58, 247, Nr. 173, 1 mit weiterer Literatur; aus dem Denkmalmaterial wäre zu erwähnen eine aedicula mit Darstellung des Attis (unveröffentlicht), zitiert bei L. Nagy, 483, Anm. 34. Derselbe zitiert hier eine ähnliche Aedicula-Wand von Zsámbék, vgl. Z. Oroszlán in *Az Orsz. Magy. Régészeti Társulat Évkönyve* II, 1923-26, 52, Abb. 5. Über den Stein von Csév s. oben.

2) Veröffentlicht von R. Fröhlich in *AÉrt.* 11, 1891, 236, Nr. 26; CIL III 10595; Frey, *CIJ* I, 488, Nr. 676; S. Scheiber, 36 ff, Nr. 3 mit Abb. und weiterer Literatur. Der Stein ist aus dem Primatialpalast zu Esztergom ins Jüdische Museum von Budapest transportiert worden.

3) Veröffentlicht von K. Wolf in *AÉrt.* 12, 1878, 208 ff, der bemerkt daß er „bei einer Pester Auktion . . . . in den Besitz der Familie der Grafen Szapáry überging und erst nachher nach Alberti kam". Seiner Ansicht nach stammen diese und die mit ihm veröffentlichten römischen Steine aus Aquincum: CIL III 10611; *IGRRP* I p. 182, Nr. 536 (*incerto loco Pannoniae Inferioris*); Frey, *CIJ* I, 487. Weitere Literatur bei Scheiber, 17, 21, Nr. 3; seiner Ansicht nach stammt dieser vom Ende des IV. Jahrhunderts aus Aquincum, wogegen er den Stein CIL III 3688 auf Grund näherer Untersuchungen nicht für aus Aquincum stammend hält, wie A. Alföldi in *Bud. tört.* (I, 1), 316, sondern dieser nach ihm in Siklós gefunden worden war (Scheiber, 22 ff, Nr. 1). Für den Ursprung der Formel auf dem sog. Stein von Albert Irsa: E. Peterson, ΕΙΣ ΘΕΟΣ, Göttingen 1929.

4) L. Barkóczi, *Brigetio* (*Diss. Pann.* II, 22), Budapest 1951, 22.

Donaulimes liegenden pannonischen Städten durch den Kaiser
Trajan Pannonia Superior im Jahre 214 aber von Caracalla
Pannonia Inferior angeschlossen. Schon zu Trajans Zeiten war
das wichtigste Truppencorps dieses bedeutenden militärischen
Stützpunktes, die *legio I adiutrix*, hier stationiert [1]). Eine Vexil-
lation der Legion nahm an den Judenkriegen unter Hadrian
teil [2]). Die schwerste Zeit für Brigetio brach nach den Einfall
der Langobarden und Obier zur Zeit des Mark Aurel herein [3]):
in den Jahren 169-172 wurden das Lager und die Bürgerstadt von diesen Germanen verwüstet [4]). Als die schweren
Zeiten vorüber waren, stellte sich die Legion im Jahre 193 ebenso
wie diejenigen von Aquincum und Carnuntum [5]) auf die Seite des
Kaisers Septimius Severus. Ihre Vexillationen standen dem Kaiser
im Orient in den Jahren 194-195 gegen Pescennius Niger, später
in den Kriegen zwischen 197-200 gegen Clodius Albinus und die
Parther bei. Um die Wende des II. und III. Jahrhunderts, also
in der Blütezeit der Stadt unter den Kaisern der severischen
Dynastie, nahmen auch die orientalische Beziehungen an Zahl zu.
,,Die Syrer und Kleinasiaten, mit ihren großen Traditionen, waren
wichtige Faktoren in der unter den Severiden begonnenen Entwicklung [6]). In dieser Periode fällt die Blütezeit der Stadt'', schreibt
L. Barkóczi [7]). Jene Inschriften, die eine Andeutung auf orientalische Kulte enthalten, sind teils von den Soldaten, bzw. den
Veteranen der Legion, teils von bürgerlichen Personen gestiftet
worden (mit den Soldaten waren auch Kaufleute ins Land gekommen). Es ist bemerkenswert, daß sich unter den mit dem Heimatsort
angeführten orientalischen Soldaten ein aus Hierapolis stam-
mender Veteran der *legio II adiutrix*, dessen Grabinschrift,

---

1) L. Barkóczi, 19, 22.
2) Darauf deutet eine aus einem Brandgrab geborgene Bar-Kochba-
Medaille: L. Barkóczi in *Num. Közl.* 56-57, 1957-58, 19; vgl. L. Barkóczi-
A. Kerényi in *Folia Archaeologica*, 10, 1958, 83.
3) J. Fitz in *Folia Archaeologica*, 11, 1959, 71 ff.
4) L. Barkóczi, *Brigetio*, 26.
5) L. Barkóczi, 28.
6) J. Fitz in *Num. Közl.* 58-59, 1959-60, 18 ff.
7) L. Barkóczi, 28. — Die Rolle der Orientalen von Brigetio wird in der
vorhergehenden Periode keine bedeutende gewesen sein, vgl. A. Mócsy,
Die Bevölkerung Pannoniens, 85.

obwohl er wahrscheinlich in Brigetio stationiert war, sich aber nicht in diesem Ort befand [1]). Die Orientalen von Brigetio stammen gewöhnlich aus Commagene oder „aus den Nachbargebieten von Syrien" [2]), aus Archelais [3]), Doliche [4]) und Zeugma. Einer der letzteren, Domitius Titus, der dem Dolichenus ein Kultbild geweiht hatte, war *dec(urio) Seleu(ciae) Zeugm(a)e*. Übrigens ist er der einzige mit seinem Herkunftsorte angeführte Orientale, der einer orientalischen Gottheit ein Denkmal errichtet hat.

Außer den Personen von erwiesen orientalischer Abstammung gibt es in Brigetio mehrere, deren Name ebenfalls auf orientalische Herkunft deutet. So wurde eine der beiden der Magna Mater geweihten Votiv- oder Bauteninschriften des Ortes von *Val[er(ia)] Marina [pro sal]ute [Marini?]* gestiftet [5]). Der Name ist bekanntlich semitischen Ursprungs [6]) und die Rolle der *Marini* in den orientalischen Kulten von besonderem Interesse: während die genannte Inschrift von einer Syrerin zu Ehren einer orientalischen Gottheit gestiftet wurde, kam im hiesigen Heiligtum des Jupiter Doli-

---

1) CIL III 11076 (Zselic, nördlich von Brigetio am Garam-Flusse); Gy. Veidinger, 29, Nr. 98; J. Dobiáš, *o.c.*, 19; J. Fitz in *Acta Arch. Acad. Scient. Hung.* 11, 1958, 261.

2) J. Fitz, *l.c.*. Leider hat die gegen Mitte des III. Jahrhunderts in Brigetio weilende *ala Osrhoenorum sagitt(ariorum)* nur Backsteinmarken hinterlassen, und so bleibt es dahingestellt, ob der Kult der Baltis in Pannonien, bzw. in Brigetio, mit dieser Truppe zusammenhing, wie man nach Fr. Cumont, *Die orientalischen Religionen im römischen Heidentum* (deutsche Ausgabe von G. Gehrich), Leipzig-Berlin 1914², 130 f und ähnlich nach J. Dobiáš, 38 vermuten könnte, der in der Baltis der Donauprovinzen die Gestalt der großen Göttin von Osrhoëne erblickt, vgl. auch G. Cantacuzino, *o.c.*, 21, 409. Dagegen vgl. F. G. Février, *Les religions des palmyréniens*, Paris 1931, 64, Anm. 61.

3) J. Dobiáš, 21 (kappadokisch oder palästinisch?); L. Barkóczi, 55 Nr. 75; J. Fitz, 261.

4) J. Dobiáš, 19; G. Cantacuzino, 18, 406; J. Fitz, 261; Gy. Veidinger, 29, Nr. 87. Gy Veidinger, 29, Nr. 88 erwähnt eine unveröffentlichte Inschrift von Brigetio, die als Abstammungsort *Syria* bezeichnet, s. noch J. Fitz, 261. — Für die Orientalen in Brigetio im Allgemeinen: L. Barkóczi, 37, 39, 41, 43, 45. M. Pavan, *o.c.*, 608. Für die Häufigkeit des Namens Bassus in Brigetio: J. Dobiáš, 24 ff.

5) Gy. Veidinger, 35, Nr. 217; V. Ondrouch, *Limes Romanus na Slovensku*, 48, Anm. 34 (mit weiterer Literatur); L. Barkóczi, *Brigetio*, 33, 61, Nr. 203, Taf. XXXI, 2.

6) Dieser Name wird ausführlich von J. Dobiáš, 22 ff behandelt.

chenus eine dem unbesiegbaren Sonnengott, also dem persischen Mithras, vom Soldaten Valerius Marinianus [1]) geweihte Dedikation ans Tageslicht. Es muß bemerkt werden, daß die der Magna Mater geweihte Inschrift in der Gegenfestung von Brigetio, Leányvár (Celamantia) wahrscheinlich die Dedikation einer Frau aus einer Soldatenfamilie war. Die Göttin gilt zwar als Beschützerin des bürgerlichen Lebens, hier in der Militärkolonie aber verschmolzen die militärischen und bürgerlichen Kulte der Soldatenfamilien selbstverständlich ineinander. Ähnlich verhält es sich mit der zweiten, *Matre* (sic) *Magn. Aug.* geweihten Inschrift, die der Veteran der *legio I adi., Iul. Ren. Candidus* und seine Gattin *Aurelia Marcelli(na)* für ihr eigenes und ihrer Familie Wohlergehen *ex voto restituerunt*, die sich also wahrscheinlich auf die Restauration [2]) des oben erwähnten Tempels [3]) bezieht. Dieser muß nicht unbedingt in der Bürgerstadt gestanden haben, wie L. Barkóczi vermutet. Ein interessanter Beitrag für das Verhältnis der syrischen Soldaten zur Verehrung der Magna Mater und des Attis ist des oben erwähnten Aelius Domitius *civis Surus* Sarkophag. Auf diesem noch zu Lebzeiten des Soldaten der *legio II adi.* ausgeführten Denkmal steht nämlich zu beiden Seiten je eine trauernde Attis-Gestalt [4]). Übrigens bürgerte sich — wie bereits L. Barkóczi betonte — diese Begräbnisweise durch die Syrer ein, war sie doch bei den anderen Völkern nicht besondern gebräuchlich [5]).

Unter den Denkmälern orientalischer Kulte in Brigetio ragt das am Südostende des Castrum zutage geförderte Dolichenum mit seinen Funden, deren gründliche Bearbeitung wir N. Láng verdanken, nicht nur in lokaler und provinzialer Hinsicht hervor [6]). Die Länge des Altars beträgt 8 m, die Breite 4 m, in der Mitte wird er

1) L. Barkóczi, *Brigetio*, 61, Nr. 216; Vgl. F. Láng, *Laureae Aquincenses* (*Diss. Pann.* II, 11), Budapest 1941, 167; Vermaseren, *CIMRM* II, Nr. 1729.
2) Barkóczi, 62, Nr. 229; ferner 34, Taf. XLVII, 4.
3) Barkóczi, 33 ff.
4) Barkóczi, 41, 56, Nr. 96, Taf. XX, 3.
5) Barkóczi, 42.
6) Láng, 165-181, Taf. XXIX-XXXVI. Das Dolichenum von Brigetio wurde 1899 entdeckt, seine Aufdeckung und erste Publikation ist Armin Milch zu verdanken. Á. Milch in *A Komáromvármegyei és városi Muzeumegyesület 1900 évi Értesitöje* 1901 (= *Anzeiger des Museumvereins des Komitats und der Stadt Komárom für das Jahr* 1900), 28 ff mit Abb.

von drei aus Steinen gehauenen Säulen in zwei Hälften geteilt. Drei ähnliche Säulen standen vor dem Eingang des Tempels. Es erhebt sich die Frage, ob wohl die etwa 10 m vor dem Eingang gefundenen beiden aus Quadersteinen gehauenen Säulen ebenfalls zum Dolichenum gehörten [1].

N. Láng ist der Ansicht, daß der Tempel einen von anderen Dolichenus-Heiligtümern abweichenden Typus aufweist. Auffallend ist die zweiteilige Cella; doch ist nicht gewiß, ob die Teilwände bis oben hinauf reichen. Es ist ferner nicht ausgeschlossen, daß es nur Halbsäulen waren, die als Ständer für Bildwerke oder Altäre dienten [2]. Die im Heiligtum gefundenen Großbronzen — die früheste aus der Zeit des Hadrian, die letzte aus der Zeit der Julia Mammaea — weisen Brandspuren auf. Dei Verwüstung des Heiligtums mochte in der Zeit der Julia Mammaea stattgefunden haben; später, gegen Ende des II. Jahrhunderts, wurde es nur mehr als Grabstätte benützt [3]. Auf dem in der Cella gefundenen, aus alten Steinplatten zusammengefügten Sarkophag sind die beiden Inschriften zu lesen, deren eine sich auf eine Tempelinschrift bezieht. Die andere ist die schon erwähnte Mithras-Dedikation. Die Forschung hat festgestellt, daß die Heiligtümer der beiden Götter hier — ebenso wie in Carnuntum — nebeneinander lagen [4].

Aus dem reichen Inventar des Tempels ist das bedeutendste Stück ein großes Relief, dessen Bruchstücke gegenüber vom Tempeleingang, vor der Mitte der Wand gefunden wurden das also vermutlich das Kultbild des Dolichenum war [5]. Das 141 cm hohe Denkmal wurde aus dem in der Umgegend gebrochenen Kalkstein errichtet. Der Gott erscheint auf dem Rücken eines Stiers in Angriffsstellung, in römischer Militärtracht, jedoch mit der Phrygermütze, bärtig, in der Rechten die Reste einer Doppelaxt, in der Linken ein Blitzbündel. Vom Rücken wallt ihm ein breiter Mantel hernieder. Wie die Inschrift bezeugt, wurde es vom früher bereits

---

1) Láng, 166.
2) Láng, 166; vgl. A. H. Kan, S. 66.
3) Láng, 166.
4) Láng, 167.
5) Láng, 167.

erwähnten Decurio von Zeugma, Domitius Titus, gestiftet [1]). Die
Darstellung des Gottes erinnert — nach N. Láng — an den Typus
des Mars Ultor [2]). Auffallenderweise ist das Tier, auf dem der
Gott sitzt, verhältnismäßig klein, aber einem Stierkalb als einem
ausgewachsenen Stier gleichend. Diese seltsame Disharmonie
erklärt sich nach N. Láng dadurch, daß den orientalischen Schöp-
fern des Kultbildes nicht die Vorstellungen der römischen Religion
als Vorbild gedient haben [3]). Übrigens ist dieselbe Disproportion
auch auf einem Relief von Carnuntum zu bemerken, das dabei
jedoch ausgesprochen einen Stier darstellt [4]). Ähnliches findet
sich auch auf dem Dreieck von Kömlöd. Ein weiterer gemeinsamer
Zug der drei Dolichenus-Typen ist nach N. Láng: „Der Stier hat
den Körper umgürtet, zum Zeichen, daß seine Kraft vom Gott
gebändigt ist [5])".

Ein anderes kleines, fragmentarisches Dolichenus-Relief (Höhe:
20,5 cm) wurde ebenfalls aus dem Kalkstein der Umgebung (von
Dunaalmás) hergestellt. Es ist ein Übergang zwischen Kleinplastik
und Relief, da Haupt und Arm der Göttergestalt frei über die
Platte hinausragen. Die Tracht des Gottes ist die eines römischen
Legionärs; auf dem Kopf trägt er die Phrygermütze, in der Linken
ein Blitzbündel, der rechte Arm ist vom Ellbogen an zerbrochen,
nur die Hand mit der Bipennis erhalten; zur rechten Seite des
Gottes hängt ein Schwert herunter [6]). Der Typus ist mit dem der
üblichen Dolichenus-Darstellungen identisch.

Ebenfalls aus marmorartigem weißen Kalkstein ist jene Statuette
des Gottes, die beim Eingang der einen Cella gefunden wurde. Das
Statuettenfragment (Höhe mit Inschriftbasis 50 cm) stellt Dolichenus in persischer Tracht auf einem nach rechts blickenden,
nach links ausschreitenden Stier dar: in der Linken ein Blitzbündel,

---

1) Láng, 167 ff, Taf. XXX, 6; A. H. Kan, 66 ff, Nr. 73, Taf. VI, 9; Barkóczi, 45, 61, Nr. 209, Taf. XLIV, 3; P. Merlat, 83, Nr. 83, Taf. V, 3 (hier
auch weitere Literatur über die Denkmäler des Dolichenums von Brigetio).
2) Zitiert auf Grund mündlicher Mitteilung: L. Barkóczi, 45.
3) Láng, 168.
4) Láng, 168; ein gutes Bild neulich bei E. Swoboda, *Carnuntum*, Graz-
Köln 1958, Taf. XLVII.
5) Láng, 168.
6) Láng, 169 ff, Taf. XXXI, 1; A. H. Kan, 67, Nr. 74; L. Barkóczi, 45;
P. Merlat, 84 ff, Nr. 84.

von dem nur der obere Teil erhalten ist, die Rechte Hand fehlt, ebenso das rechte Bein vom Knie an. Bezeichnend ist die persische Tracht: zweifach umgürtete Tunica, mit Ärmeln, enge bis an die Knöchel reichende Hosen, der lange Mantel in breiten Falten vom Rücken niederfallend; am Fuß trägt er Lederschuhe mit aufgestreiften Krempen [1]). (Taf. IV. Abb. 7). In ähnlicher persischer Tracht erscheint Dolichenus auf einem rundplastik-artig ausgeführten Relief von Carnuntum. Auf diesem steht der Gott jedoch auf dem Boden und stützt bloß den Fuß auf den Rücken des Stieres [2]). Auf der Statue von Brigetio enthält die Inschrift unter dem am Vorderteil verstümmelten Stier die Dedikation, laut der das Denkmal von C. Gallonius Crispus > *leg. I. adi. ex voto* gestellt wurde. Die Inschrift bietet keine besonderen Anhaltspunkte für die Datierung, wahrscheinlich aber ist das Denkmal nach der Teilnahme der Legion an den Partherkriegen zur Zeit der Severi entstanden [3]).

Von einer anderen Kalksteinstatue ist leider nichts als die Inschriftsbasis übriggeblieben, ferner die Hufe eines nach links ausschreitenden Tieres und der Rest einer unter seinem Bauche angebrachten Stütze; N. Láng vermutet in der Darstellung den weiblichen Paredros des Jupiter Dolichenus, Iuno Regina (in anderen Versionen auch *Iuno Sancta, Iuno Sancta Hera, Iuno Assyria regina Dolichena*) [4]). Leider ist auch die Inschrift des Denkmals sehr fragmentarisch: ... *us mil. leg. . . . . vot. posuit* [5]), woraus nur soviel erhellt, daß es sich um das Votum eines Soldaten, wahrscheinlich der *legio I adi.* handelt.

Auf dem Fragment eines Reliefs (14 cm Höhe) sieht man einen erhobenen Arm: die Stange in der Rechten gehörte wahrscheinlich

---

1) Láng, 170 ff, Taf. XXIX, 1-2; A. H. Kan, 67, Nr. 74; L. Barkóczi, 45, 61, Nr. 208, Taf. XLIV, 1; P. Merlat, 86 ff, Nr. 86 Taf. VI, 3.

2) A. H. Kan, Taf. VI, 10. In Bezug auf die östliche Eigenart der Dolichenus-Darstellung von Brigetio in persischer Tracht bemerkt P. Merlat, 89: „J'ajoute que le caractère orientalisant de l'ensemble est accentué par la présence, sur le frontal du taureau d'un ornement en forme de rosette".

3) Vgl. F. Láng, 171.

4) Láng, 172; A. H. Kan, 67, Nr. 75; ferner P. Merlat, 85 ff, Nr. 85; 35 Anm. 1; L. Barkóczi, 45, Taf. XLIV, 2.

5) Siehe Anm. S. 48 n. 4, und Barkóczi, 63, Nr. 261.

zur Doppelaxt des Dolichenus, also war das Fragment vermutlich ein Teil eines Kultbildes [1]).

Verhältnismäßig sehr reich ist die Anzahl der im Inneren des Heiligtums gefundenen Bronzegegenstände. In unserer Betrachtung wollen wir zuerst die ans Licht geförderten Bronzestatuetten erwähnen, dann sollen die mit dem Dolichenus-Kult zusammenhängenden liturgischen Gegenstände näher erörtert werden. Aus dem Inventar des Heiligtums sind zwei Statuetten der Victoria bekannt: die eine stellt die Göttin in langem, wehendem Gewand, auf dem Erdball stehend, gerade in dem Augenblicke des Niedersteigens dar. Die Haare sind zu einem hohen Schopf geordnet, in der Linken hält sie einen Kranz, die rechte Hand fehlt (Höhe: 132 cm). [2]). Merlat glaubt, in dem hohlen, unten offenen Ball den Gipfel eines dreieckigen Dolichenus-Signums zu erkennen, wie dies auch auf der einen Platte von Mauer a.d. Url zu sehen ist [3]), mit einer Bestimmung, verwandt derjenigen der zusammen mit den Triangeln gefundenen Victoria-Statuette von Kömlöd [4]). Eine ähnliche Bestimmung hatte vielleicht auch die kleine Victoria-Statuette (aus Bronze), von der leider nur ein Fragment der Rückseite erhalten ist (Höhe: 6.5 cm) [5]). (Taf. V. Abb. 8). N. Láng ist der Ansicht, daß die Victoria-Statuetten einer größeren Bronzestatuengruppe angehört haben, die aus mehreren Gestalten bestand [6]) und die dem in Ungarischen Nationalmuseum aufbewahrten Dolichenus-Relief von unbekanntem Fundort ähnlich gewesen sein mochte: auf diesem wird der Gott von der Victoria gekrönt, die sich auf einem ihm gegenüberstehenden Postament befindet. Hinter dem Gott hält ein Adler einen Kranz im Schnabel. Im Kultinventar des Dolichenus von Brigetio wurde außerdem eine bronzene Adlerstatuette (fragm. Höhe: 6 cm) [7]), sowie ein bronzenes

1) F. Láng. 172, Taf. XXXII, 7; P. Merlat, 88, Nr. 87.
2) Láng, 172 ff; A. H. Kan, 68, Nr. 77a; P. Merlat, 88 ff, Nr. 88.
3) P. Merlat, 89; vgl. R. Noll, o.c., Abb. 4.
4) I. Paulovics in *AÉrt.* 48, 1934, 47 fig. 56; P. Merlat 69, Nr. 67, fig. 13.
5) Láng, 173.
6) Láng, 173, Taf. XXXIV; P. Merlat, 111 ff, Nr. 123, Taf. X, 2 (weitere Literatur ebendort S. 111).
7) Láng, 173, Taf. XXXIII, 1; Kan, 68, Nr. 77 g. ("Vogel — zerbrochen — kein Adler; auf der Abbildung nicht erkenntlich"); P. Merlat, 91, Nr. 95.

Kränzchen gefunden (Durchm.: 5.3 × 4.2 cm). Dieses hat sich wahrscheinlich ursprünglich in der Hand einer Victoria oder im Schnabel eines Adlers befunden [1]). Auch die Statuette eines kleinen, nach rechts ausschreitenden Stieres wurde entdeckt (Höhe: 5, 6, Länge: 5.3 cm). (Taf. V. Abb. 9). Auf Hals und Rücken des Tieres sind die Fußspuren der im übrigen zerbrochenen Gestalt des Gottes erkennbar [2]).

Ob eine 8 cm hohe Bronzestatuette des Jupiter wohl ebenfalls zu einer solchen Gruppe gehört haben mag? Diese zeigt den Gott stehend, unbekleidet, bärtig, beide Hände verstümmelt, mit erhobener Rechten und herunterhängender Linken (nur der Stumpf des linken Armes ist erhalten), das Gewicht liegt auf dem rechten Fuß, der linke schreitet aus [3]). (Taf. V. Abb. 10). Láng glaubt, hier eine Darstellung des Dolichenus zu erkennen [4]). A. H. Kan schreibt: „nackter Jupiter, wahrscheinlich Dolichenus" [5]). Neuestens erblickte P. Merlat darin nur eine Darstellung des lateinischen Hauptgottes [6]). Das weibliche Gegenstück dieses Gottes wäre jene kleine, nackte bronzene Frauenbüste, die wegen Haartracht gescheiteltes, frei herunterhängendes Haar für eine Germanin gehalten wurde [7]) (Höhe: 7.5 cm). Diese Hypothese stammt von I. Paulovics [8]). Der rechte Arm der Frauengestalt ist im Ellbogen angebeugt, der linke hängt herab, in ihrer vollkommenen Nacktheit weicht die Gestalt vom üblichen germanischen, sog. Thusnelda-Typus ab [9]). Auch die Bedeutung des Gliedchens auf ihrem Kopfe ist problematisch. Am ehesten annehmbar erscheint die Vermutung, ebenfalls von Paulovics stammend, das man es mit einer Dar-

---

1) Láng, 173, Taf. XXXIII, 2; P. Merlat, 91, Nr. 96.

2) Láng, 174; Kan, 68, Nr. 77, f; Merlat, 91, Nr. 94, Taf. VII, 5.

3) Láng, 174, Taf. XXXV, 4, 4a.

4) Láng, l.c..

5) Kan, 68, Nr. 77, e.

6) Merlat, 90 ff, Nr. 92: „... plus un Jupiter latin, adopté pour des raisons indéterminées comme Dolichenus, qu'un Jupiter Dolichenus proprement dit".

7) Láng, 180, Taf. XXXV, 3; Kan, 68, Nr. 77, d.

8) St. Paulovics in *Mannus* 26, 1934, 139 ff; derselbe Verf. (I. Járdányi-Paulovics) in *Bud. Rég.* 1945, 256 ff (deutscher Text 279 ff), Abb. 26.

9) Vgl. die Statue in Florenz, Loggia dei Lanzi: P. Ducati, *L'arte in Roma dalle origini al sec. VIII*, Bologna 1938, Taf. CXXVII.

stellung der Venus zu tun habe [1]). Im Gegensatz zu den früheren Stücken, die ebenfalls stark von der Feuersbrunst mitgenommen wurden, hat die am feinsten ausgeführte Kleinbronze-Statuette des Heiligtums, eine Büste der Luna mit der Mondsichel (H.: 8.5 cm), nur wenig gelitten und ist fast volkommen erhalten [2]). (Frontispiz). Ziemlich wohl erhalten ist auch die fünfstrahlige Büste des Sol, des Paredros der Luna (Höhe: 5 cm). [3]) (Taf. VI. Abb. 11). Wie I. Paulovics vermutet, gehörten die oben erwähnte auf dem Erdball stehende Victoria und die Stierstatuette zur Inschriftenbasis mit der Dedikation *I.O.M.D. P. Ael(ius) Ver(us) > leg(ionis) I ad(iutricis) p(iae) f(idelis)*, während auf der Rückseite der Name des Meisters der kleinen Statuengruppe *Romulianus artif(ex) fec[i]t* zu lesen ist [4]). Die Basis ist zerbrochen, fragmentarisch (Höhe: 7 cm, obere Platte: 17.2 × 13.2 cm). Zum Rekonstruktionsversuch des St. Paulovics muß bemerkt werden, daß — in Anbetracht der Maße — die größere Victoria kaum zur Dolichenusgruppe auf dem kleineren Stier gehört haben kann, höchstens ist das für die kleinere anzunehmen. Auch auf den Bronzestatuetten von Mauer a.d. Url treten Dolichenus und Victoria auf separater Basis auf, von der kleinen, auf der Spitze des Dreiecks stehenden Victoria ganz zu schweigen [5]).

Der bedeutendste liturgische Gegenstand des Heiligtums ist ein

---

1) I. Járdányi-Paulovics, 257. Nach P. Merlat, 91, Nr. 93, Taf. VII, 4 ist ein Paredros der vorher untersuchten Jupiter-Darstellung, ,,dans ce cas, on pourrait songer à une interprétation occidentale de Junon Doliché-nienne''; diese Annahme widerspricht wesentlich unserer Auffassung nicht; denn die weiblichen Paredroi der syrischen Ba'als, die verschiedenen *Baltides* haben, wie wir schon öfters betonten, starke charakteristische Merkmale von Venus.

2) Láng, 174, Taf. XXXV, 1, 1a; Kan, 68, Nr. 77, c; Merlat, 90, Nr. 90, Taf. VII, 1.

3) Láng, 174, Taf. XXXV, 2; Kan, 68, Nr. 770; Merlat, 90, Nr. 91. Nach der Mitteilung von B. Edith Thomas wurde auch eine Terrakotta Sol-Büste in Brigetio vorgefunden, deren Strahlen Bronzeeinlegearbeit (in der Höhe von 12 cm) aufweisen. Die Publikation des Denkmals wird von ihr vorbereitet; Merlat, 177 ff und 43, 49, 111, 117 ff, 123.

4) St. Paulovics in *Egyetemes Philologiai Közlöny* 56, 1932, 183 ff; Láng, 175 ff, Taf. XXXVI, 1-2; Kan, 69, Nr. 81-83; Merlat, 92 ff, Nr. 97 (mit vollständiger Literatur).

5) R. Noll, Abb. 2 und 3; unser Standpunkt stimmt mit der Ansicht P. Merlats überein (*o.c.*, 92 ff).

bronzener Gegenstand in der Form eines Signumhalters, dessen Stamm eine sich nach oben verjüngende Röhre bildet, oben mit hervorspringendem waagerechten Kragen, oberhalb dessen die Röhre in Blattform endet. Aus den Seiten schießt mit schlangenartigen Windungen je ein sich nach oben verjüngendes lautenförmiges Stäbchen hervor; beiden enden oben in stilisierten Schlangenköpfen. Diese sind mit dem mittleren Teil durch ein bronzenes Band verbunden. Auf der Rückseite ist je ein Bronzeplättchen angebracht, jedes von ihnen weist Nietspuren auf [1]). Das Denkmal (Durchm.: 4,5, größte Breite: 24 cm) mochte der Halter eines Dolichenus-Dreiecks sein, wie wir solche auch aus den Funden von Mauer a.d. Url kennen [2]). Die zugehörigen Triangel sind verloren gegangen, doch ist es möglich, daß — wie bereits oben bemerkt — die Victoria-Statue auf dem Erdball das Krönungsglied dazu war. Weitere bronzene Kultgegenstände aus dem Dolichenum von Brigetio: sechs Schellen (Höhe: 7-8, Durchm. 4. 5-5.5 cm), eine halbkugelförmige größere Schelle, (bezw. Glöckchen: Durchm.: 9.5, Höhe: 7.5 cm) [3]), sieben Bronzeringe (Durchm. 6-6.5 cm), weiter eine Bronzehülse (H.: 8.5 cm), deren oberer kompakter, mit einem Ringe verstärkter Teil von zylindrischer Form ist, während der untere Teil von achteckiger Form einen Henkel trägt — nach Láng vielleicht unterer Abschluß einer Kultlanze [4]).

Außer den oben erwähnten Gegenständen befinden sich im Fundmaterial aus dem Heiligtum sechs dünne Bronzeplattenfragmente; drei von ihnen gehören zu einem viereckigen Relief, das eventuell Teil eines Prachtpanzers war; das größte Fragment zeigt eine nach rechts schreitende Männergestalt [5]).

Auf einem anderen rechteckigen Fragment sieht man zwischen gewundenen Bordüren einen nach rechts blickenden Mann im Helm (Mars?) [6]), auf einem anderen einen nach rechts blickenden

1) St. Paulovics in *AÉrt.* 47, 1934, 40 ff; 196 ff, fig. 54-55; Láng, 176 ff, Taf. XXXI, 2; Kan, 69, Nr. 80; Merlat, 93 ff, Nr. 98, fig. 17-18; 171.
2) R. Noll, Abb. 4.
3) Láng, 179, Taf. XXXII, 2-3; Kan, 68, Nr. 79; Merlat, 98, Nr. 104.
4) Láng, 179, Taf. XXXII, 4-5; Kan, *l.c.*; Merlat, 168 ff, fig. 25.
5) Láng, 179, Taf. XXX, 1; Kan, 68, Nr. 78, a, b, c; Merlat, 96, Nr. 100, a-d.
6) Láng, 180, Taf. XXX, 2; Kan, 68 Nr. 78, d; Merlat, 96 ff, Nr. 101, fig. 20.

nackten Mann im Helm mit erhobener Rechten, in der Linken „ein Tau schwingend, die Rechte auf die Schulter einer hinter ihm stehenden Gestalt legend, von der nur wenig erhalten" [1]). Dieses Stück sowie das dazu gehörige Fragment mit dem Bilde eines Seetiers war wohl ebenfalls Teil eines Prachtpanzers [2]). Ein Bronzeexemplar von andersartigem Charakter ist die durch den Brand stark mitgenommene, in opus interrasile-Technik gearbeitete stark beschädigte Platte mit der Inschrift *MESSO*, darunter eine stilisierte Kreuzblütenreihe, wahrscheinlich als Gürtelschmuck gebraucht [3]). Zum Fundmaterial des Dolichenum gehört auch das Fragment einer lesbischen Kymation-Reihe, das wahrscheinlich zum Schmuck des Heiligtums diente (Länge: 28, Höhe: 14.9 cm) [4]).

Jene aus Ószöny ans Wiener Kunsthistorische Museum abgegebene Tafel mit der Inschrift *Iovi Doliche(no) Valerius Hermes v(otum) s(olvit) l(ibens)* gehört wohl nicht in die erwähnte Fundgruppe, doch stammt sie aller Wahrscheinlichkeit nach aus dem Dolichenum. Da aus Griechenland kein Denkmal dieses Kultes bekannt ist, war der Stifter gewiß ein Orientale [5]). Viel problematischer ist die Abstammung der aus Brigetio herrührenden aus der Sammlung Delhaes ins Nationalmuseum eingelieferten Bronzehand. Auf der Innenseite der flach ausgestreckten Hand ist die Inschrift *I.O.M.D.* zu lesen (Höhe: 20 cm) [6]). Mit ihrer symbolischen und kultischen Bedeutung befaßte sich eingehend N. Láng, der auch ihre religionsgeschichtlichen Zusammenhänge mit den Sabazios-Votivhänden und der „Hand Gottes" in der christlichen Symbolik erörterte [7]).

---

1) Láng, 180, Taf. XXX, 4; Kan, 68, Nr. 78, e; Merlat, 97, Nr. 102.
2) Láng, 180.
3) Láng, 180, Taf. XXX, 3; Kan, 68, Nr. 78, f; Merlat, 97, Nr. 103.
4) Láng, 176, Taf. XXXVI, 3; Kan, 68; Merlat, 95, Nr. 99.
5) CIL III 10791; Gy. Veidinger, 33, Nr. 183; F. Láng, 169, Anm. 17; L. Barkóczi, *Brigetio*, 43 ff (Verf. datiert es in die erste Hälfte des III. Jahrhunderts); 61, Nr. 207, Taf. XXXVI, 5; Kan, Nr. 37; 69, Nr. 82; Merlat, 82, Nr. 81 (mit weiterer Literatur); M. Pavan, o.c., 525, Anm. 1; zu der östlichen Herkunft der dedizierenden Person vgl. J. Dobiáš, 26, Anm. 93.
6) F. Láng in *AÉrt.* 1946-48, 184 ff (mit früherer Literatur), Taf. XXXIV, 1; Analogien a.a.O., Taf. XXXIV, 2 (aus Heddernheim); vgl. noch ebendort Taf. XXXIV, 3-4 und Taf. XXXV, 1-4; Merlat, 177 ff, Nr. 108.
7) F. Láng, a.a.O.

Bei der Besprechung des reichen und vielfältigen Dolichenus-
Kultes von Brigetio darf die Hypothese J. Dobiáš, nicht ausser
acht gelassen werden, der im Namen Polydeukes zweier in den
Inschriften erwähnter Personen einen Namen theophorer Bedeutung vermutet [1]). Wie bereits bemerkt treten neben Jupiter
Dolichenus und seinem Paredros, Juno Regina die Castores öfters
auf den Darstellungen auf [2]). Merkwürdigerweise stammt der
eine Polydeukes, der *decurio* des *municipium* von Brigetio war,
ex regione Dulca, vico Calan.

Neben dem Kult des großen Ba'als von Doliche, des Jupiter
Dolichenus, bürgerten sich in Brigetio auch die Kulte der Ba'als
kleinerer syrischer Städte ein. So errichteten die Soldaten der
legio I. adi. einen Tempel *Deo Soli Alagabal(o) Ammudati*, also
dem Sonnengott von Ammuda [3]). Besonderes Interesse gewinnt
die Inschrift einerseits dadurch, daß sich darin der Kult der lokalen
Gottheit einer ganz kleinen Stadt mit dem jenes Sol Elagabal
vermischte, dessen Kult von einem Kaiser der Severus-Dynastie
während der kurzen Zeit seiner Regierung zum Staatskult erhoben
wurde. Andererseits ist die Entstehung der Inschrift vom religionsgeschichtlichen Standpunkt von größter Wichtigkeit. Während
nämlich die oben untersuchten, dem Sol Elagabal geweihten
Inschriften in die Zeit vor der Regierung des Kaisers Elagabal
fallen, ist diese Inschrift — nach dem Zeugnis der Namen der
Konsuls — nach der Regierung der Severi im Jahre 249 entstanden. Sie verknüpft demnach die beiden großen Epochen der
römischen Sol-Verehrung miteinander: die zur Zeit des Elagabal
(218-222) mit der in der zweiten Hälfte des Jahrhunderts unter
Aurelian erfolgten „Renaissance" [4]).

---

1) J. Dobiáš, 39; St. Paulovics, *Laureae Aquincenses*, Budapest 1944,
141, Taf. XIX, 1; L. Barkóczi, 29, 34, 41, 55, Nr. 93, Taf. XIX 3; vgl. noch
die Inschrift auf einem anderen Sarkophag von Brigetio: *Tiotigno et Poli-
deuco equitibus romanis* etc.: L. Barkóczi, 42 ff, 56, Nr. 103, Taf. XXIII, 1.
2) S. oben unsere Bemerkungen in Bezug auf die Ikonographie der
Dreiecke von Kömlöd; ferner eine Aufschrift von Poetovio, die Pollux von
einem Libertiner dediziert wurde: CIL III 4120, vgl. M. Pavan, 519.
3) CIL III 4300 = ILS 4332; A. v. Domaszewski, *o.c.* 60, Nr. 123; Gy.
Veidinger, 12, 32, Nr. 143; J. Dobiáš, 41; L. Barkóczi, 34, 62, Nr. 233; M.
Pavan, 526.
4) Vgl. Fr. Altheim, *Der unbesiegte Gott*, 18 ff.

In der *Deo magno aeterno* dedizierten fragmentarischen Inschrift glaubt Fr. Cumont einen Ba'al von solarem Charakter zu erkennen [1]). Wie schon gesagt, gab es auch in Intercisa ähnliche Dedikationen, doch ist in jenen Fällen die Gestalt des Judengottes mit Bestimmtheit zu erkennen. Die Inschrift von Brigetio ist insofern problematischer, als der Name des Dedikanten nur fragmentarisch erhalten und auf seine Herkunft deshalb kein Schluß zu ziehen ist. Das „Hausregiment" von Brigetio ist wohl auch in Judäa herumgekommen, doch beweist das noch nichts für den jüdischen Ursprung der Inschrift. Im ganzen Reiche sind nur zwei Inschriften mit ähnlicher Dedikation bekannt. Die eine ist in Verona von L. Statius Diodorus, also wahrscheinlich einem hellenisierten Orientalen, gestiftet worden [2]). Dieser Umstand ist auch deshalb interessant, weil aus dem nördlichen Italien auch andere *Deo aeterno* dedizierte Inschriften bekannt sind, besonders aus Aquileia, wo auf dem einen Denkmal auch die Büste des Gottes abgebildet ist (bärtiger, Zeus-Jupiterartiger Kopf) [3]). Die andere, aus Nordafrika stammend, wurde von einem gewissen Paulus gestiftet, was die bekannte Saulus-Paulus Identifikation nahelegen könnte [4]). Man darf jedoch nicht vergessen, daß dieser Name auch unter den geborenen Italikern häufig vorkommt.

Die eine dem „ewigen Gott" geweihte Inschrift bietet weitere merkwürdige Beziehungen zu den orientalischen Kulten in Brigetio. Sie beginnt nämlich mit der Dedikation *Deo aet(erno) exaudit(ori)* [5]). Nun aber enthält die eine Inschrift von Brigetio folgende Widmung: *[I] o. [m.] e[xau]dito[ri] et F[o]rtun[ae] fortissima[e] leg. I. adi. p.f. S[ev]. T. Sere Diogen[es] cust.[arm.]* [6]).

1) Fr. Cumont in *RA* (I) 1888, 188 ff; G. Cantacuzino, 22, 410; von der Inschrift im Allgemeinen: CIL III 10998; Gy. Veidinger, 32, Nr. 140; L. Barkóczi, 63, Nr. 250.
2) CIL V 3221 = ILS 3979; Cumont in *PWRE* I, 969.
3) ILS 3978.
4) CIL VIII 18525 (*inter Lambesem et Dianam*); über die Namengebung Paulus-Saulus: V. A. Tcherikover-A. Fuks, *Corpus Papyrorum Judaicorum* I, Cambridge Mass. 1957, 28, Anm. 69.
5) CIL V 8208 = ILS 3980.
6) Domaszewski wirft auch die Möglichkeit der Lesung *e[xau]dito(ri)* nach Borman mit Berufung auf CIL V 8208 neben der Auflösung CIL III 10992 *e[t con]dito(ri?)*. L. Barkóczi 32, 57, Nr. 222 nimmt neben der Auflösung des ursprünglichen Corpus Stellung.

Die ganze Inschrift spiegelt in ihrer Stimmung den bestürzenden Hilferuf eines Soldaten in höchster Not wider. Sie ist entschieden im Geist der *interpretatio romana* der orientalischen eschatologischen Religiosität abgefaßt.

„In Daphne, der Vorstadt von Antiocheia, die im Grün der herrlichen Lorbeer- und Zypressenbäume vollständig verschwand, in dem von den Seleukiden gestifteten Tempel des Apollon, stand die berühmte Statue des Gottes, ein Werk des Bryaxis" [1].

Das einzige diesem Gotte geweihte Denkmal wurde von Cn. Curius Lycaeus, einem in Brigetio dienenden Centurio, Soldaten der *legio I adi.* gestiftet. [2] Bemerkenswert ist, daß dieser Altar auch sonst das einzige in lateinischer Sprache gefaßte Zeugnis für die Verehrung des Gottes in den westlichen Provinzen des Imperium war [3]. Übrigens ist Lycaeus an und für sich ein theophorer Namen und mag wohl auf die traditionelle Apollo-Verehrung innerhalb der Familie des Soldaten hinweisen. Andererseits ist die Popularität der Verehrung des Apollo Daphneus bekannt [4].

Der weibliche Paredros des syrischen Ba'al erscheint auch in Brigetio unter dem Namen Baltis. Einer ihrer Altäre wurde von Cocceia Marcia [5], ein anderer, der in Környe entdeckt wurde, aber ursprünglich wohl in Brigetio war, von Flavia Victorina gestiftet [6]. In beiden Fällen sind die Stifteden Frauen, was sich wohl aus dem

---

1) A. B. Ranovics, *A római birodalom keleti tartományai* (*Die östlichen Provinzen des römischen Reiches*), Budapest 1956 (Ungarische Übersetzung des Originalwerkes in russischer Sprache), 206; Wernicke, *Apollon in PWRE* II, 46; A. de Franciscis, *Apollo in Enciclopedia dell'arte antica classica ed orientale*, Roma 1958, 470.

2) CIL III 4285 = ILS 4049; E. de Ruggiero, *Dizionario epigrafico* s.v. *Daphneus*; L. Barkóczi, 31, 60, Nr. 200; M. Pavan, 513. Über die östlichen Beziehungen des Denkmals vgl. noch G. Cantacuzino, 419, 31, nach dessen Ansicht der Errichter von östlichem Ursprung sei.

3) Vgl. Wernicke, *l.c.*; auch seine dalmatische Inschrift ist in griechischer Sprache verfaßt!

4) Vgl. Wernicke, *l.c.*.

5) St. Paulovics, *o.c.*, 131, Nr. 14, Taf. XVI, 1; L. Barkóczi, 34, 61, Nr. 205, Taf. XLIII, 2; M. Pavan, 526, Anm. 4.

6) CIL III 4273 = 10964; E. de Ruggiero, *Diz. ep.* I (1), 972; Gy. Veidinger, 12, 31, Nr. 135; St. Paulovics, 131, Anm. 51; L. Barkóczi, 34, 61, Nr. 204, Taf. XXXV, 1. Über den Baltis-Kult von Brigetio im allgemeinen: J. Dobiáš, 38, Anm. 180; G. Cantacuzino, 21, 409, Anm. 12; M. Pavan, 526, Anm. 4; T. Nagy in *Diss. Pann.* 12, 1939, 26, Anm. 172.

aphroditeartigen Charakter der Göttin erklärt; die zweitgenannte
Stifterin ist vielleicht sogar Orientalin [1]). Problematisch ist die
Dedikation eines dritten Denkmals. Auf diesem ist unterhalb der
Dedikation [. . . .]*i aug. sac.* nach der Beschreibung von A. v.
Domaszewski eine *dea sedens vestitu Amazonum capillis longis,
tenens sin. bipennis, d. peltam, supra mammam dextram nudam
lorum pharaetrae* abgebildet; darunter die Inschrift *Aureli(a)
Eureten[e] v.s.l.m.* [2]). Sicherlich ist die Dedikantin eine Frau mit
griechischem Namen, vielleicht auch eine Orientalin, wenn auch
in der Erscheinung der Göttin kein Zug an die Darstellungen
orientalischer Göttinnen erinnert. Trotzdem wurde der Name der
Göttin von den Forschern auf [*Balt*]*i* ergänzt [3]). Unter den lokalen
Darstellungen erinnert das Relief an ein anderes, Diana darstel-
lendes, deren ,,orientalische Züge'' von L. v. Barkóczi hervorgehoben werden [4]). Da ein Studium des Originals nicht möglich war
(es wird im Kunsthistorischen Museum in Wien aufbewahrt), läßt
sich kein bindender Schluß ziehen; soviel aber scheint wahrscheinlich, daß es sich hier viel eher um eine Abbildung der Diana oder
der in Aquincum und Carnuntum [5]) verehrten Diana-Nemesis
handelt als um eine solche der Baltis.

Wie bereits erörtert spielte die Glücksgöttin im privaten und
öffentlichen Leben der Menschen um die Wende des II. und III.
Jahrhunderts eine hervorragende Rolle. In diesen Sorgenjahren

---

1) Nach L. Barkóczi sind Cocceia Marcia bestimmt, Flavia Victorina
mutmaßlich östlichen Ursprungs: *o.c.*, 34.

2) CIL III 10973 (*fortasse Balti*); J. Dobiáš, *l.c.*; G. Cantacuzino, *l.c.*,
T. Nagy, *l.c.*; St. Paulovics, 131; L. Barkóczi, 34, 61, Nr. 206, Taf. XLV, 3;
M. Pavan, *l.c.*; Cumont *Baltis* in *PWRE* II, 2842 stellte kein Bedenken
gegen die Auflösung; nach J. Toutain *Les cultus païens dans l'empire romain*
II, Paris, 1911, 50, wird diese Annahme durch das Attribut *bipennis* bestätigt;
demgegenüber hat schon auch E. Ruggiero, *Diz. ep.*, 972 bemerkt: ,,se nell'
ultima di queste iscrizioni il supplemento è esatto vi avremmo l'immagine
della dea''.

3) Nach der Anmerkung von CIL III 10973.

4) L. Barkóczi, 31, 45, Taf. LIII, 1.

5) Von der Nemesis in Aquincum haben wir oben geschrieben, das Bild
von Diana-Nemesis bei E. Swoboda, *Carnuntum*, Taf. XLV, 3; über den
Kult von Nemesis in Pannonia Superior: M. Pavan, *o.c.*, 515 ff; über den
Kult von Diana: ebenda, 514 ff. In Bezug auf das Attribut *bipennis*: P.
Lambrechts, *Contributions à l'étude des divinités celtiques*, Brügge 1942, 103 ff.

benötigten nicht nur einzelne, sondern ganze Städtegemeinden die mächtige Fürbitte der *Fortuna fortissima*. Es ist daher nur billig, daß nach Intercisa auch dieses zweitgrößte Zentrum von Pannonien Denkmäler der Tyche Poleas besitzt. Die beiden Denkmäler ergänzen einander auf das Glücklichste, indem — wie schon bemerkt wurde — auf dem Original des Eutychides sowohl als auf dessen Variationen, den Tyche-Statuen von Palmyra und Dura [1]), die Göttin über einem, durch einen schwimmenden Jüngling dargestellten Fluß sitzt. Nun blieb in Intercisa gerade die Gestalt des Flußes erhalten, während in Brigetio nur die Frauengestalt in langem Gewande, mit Mantel und Mauernkrone auf uns gekommen ist [2]). Die Tyche von Brigetio, bezw. die hier gefundene Bronzekopie der Statue des Eutychides ist der Statue aus der Collection De Clercq, Paris, am nächsten verwandt [3]). Dagegen läßt sich schwer entscheiden, bis zu welchem Grade der in Brigetio im Kult häufig und vielseitig auftretende Genius als romanisierte Form dieser Göttergestalt aufgefaßt werden kann. Jedenfalls ist es bemerkenswert, daß eine fragmentarische Inschrift die Dedikation [*I.o.m.*] *et Iunoni reginae et Genio explo[rator]um* trägt [4]). Dies ist deshalb von Interesse, weil bekanntlich die Verehrung der Schutzgottheit eng mit dem Kult der großen Ba'als verknüpft ist [5]).

Eigenartig und kompliziert stellt sich in Brigetio die Verknüpfung des Kultes der lokalen Götter mit der Verehrung der hellenistisch-orientalischen Göttinnen dar. Das hierfür heranzuziehende Denkmalmaterial besteht zum größten Teil aus Votivgeschenken, und obgleich die Göttinen meistens den „Götterbegriff der Urein-

---

1) Publiziert von A. Hekler, *Muzeumi és Könyvtári Értesitö* III, Budapest, 1909, 197 ff, Abb. 2 und 3. Über die Tyche von Eutychides siehe: L. Alscher, *Griechische Plastik* IV, Berlin 1957, 20 ff, Anm. 27-31a; 187 f, Taf. 2, a-f; T. Dorn, *Die Tyche von Eutychides*, Köln 1960. Über die Tyche-Darstellungen im allgemeinen: G. Herzog-Hauser, *Tyche* in *PWRE*, 1682 ff, vom religionsgeschichtlichen Gesichtspunkt: ebenda, 1643 ff; über die syrischen Tyches: O. Eissfeldt, *o.c.*, 29, 32, 50, 94, 123 ff.

2) Vgl. die Bemerkung von I. Paulovics, *Vezető a régészeti gyüjteményben*, 120 (Literatur 129, Anm. 81).

3) J. Leipoldt, *o.c.*, Abb. 112.

4) L. Barkóczi, 59, Nr. 161; vgl. M. Pavan, 511.

5) Vgl. O. Eissfeldt, 32, der auch betont, daß das der Tyche entsprechende semitische Gad „maskulinisch und femininisch gebraucht" wird.

wohner widerspiegeln" [1]), kommen mitunter doch auch solche vor, die hellenistisch-orientalischen Charakter aufweisen [2]). So erscheint Venus in mehreren Variationen, einmal auch in einer aedicula mit einem aus sieben Kugeln bestehenden Diadem [3]). Dieses Denkmal — und neben ihm eine auf bienenkorbförmigem Postamente erscheinende Venus ohne aedicula — war gewiß ein auf einer Stange zu befestigendes Votivgeschenk.

Nicht nur die Aedicula-form, auch das Diadem deutet hier auf syrische Einwirkungen [4]). Eine Venusstatuette von Palästina trägt das gleiche Diadem mit sieben Kugeln, die die sieben Planeten darstellen [5]). Auf die hellenistisch-orientalischen Beziehungen der bleiernen Selene-Statuette [6]) ist bereits bei der Besprechung der Bronzestatuette von Intercisa hingewiesen worden [7]).

Das gleichzeitige Auftreten der einheimischen und der orientalischen Göttinnen in der Kleinplastik scheint die Vermutung zu bestätigen, daß hinter einigen Silvanus-Dedikationen hier ebenso wie in Intercisa und Aquincum manchmal eine orientalische Waldgottheit steckt [8]).

Die Vielseitigkeit der orientalischen Denkmäler von Brigetio verrät, welche wichtige Rolle die Orientalen in den Jahrzehnten um die Wende des II. und III. Jahrhunderts im kulturellen Leben der Kolonie gespielt haben. Zweifellos ist die Stadt, trotz des ziemlich spätlichen Vorkommens von Denkmälern des Isiskultes ein hochwichtiges Zentrum orientalischer Kulte. Das Denkmalmaterial des Dolichenum aber ist — selbst im Vergleich zu dem Gesamtbestand — hervorragend; doch auch die anderen syrischen Denkmäler (besonders des Kultes der Götter *Baltis, Sol Elagabalus Ammudatus, Deus aeternus, Apollo Daphneus, Tyche*) sind von größter Bedeutung.

1) E. B. Thomas in *AÉrt.* 79, 1952, 37 ff.
2) Thomas, 38.
3) Thomas, 38, Taf. V, 1.
4) Über die Darstellungen von Göttinnen mit aedicula aus Kleinasien und Syrien siehe z.B.: A. M. Cook, *Zeus* II, 362, fig. 255-260.
5) P. Thomsen, *Palästina und seine Kunst in fünf Jahrtausenden*, Leipzig 1931, 94, Taf. XIV, 2.
6) Thomas, 38, Taf. VI, 1.
7) Thomas, 38, Taf. V, 7; siehe noch die Literatur über die Analogie von Intercisa oben.
8) Vgl. L. Barkóczi, 30 ff.

Östlich von Brigetio, zwischen Komárom und Györ, wurde das einzige, mit sicherheit aus Palmyra stammende Denkmal entdeckt, eine griechische Inschrift ΠΑΛΜΥΡΙ ΕΥΨΥΧΕΙ ΜΕΤΑ ΠΑΤ-ΡΟC [1]; ein wichtiges Zeugnis für die Ausbreitung der Syrer im Grenzgebiet des nordwestlichen Ungarn, am Donaulimes. Aus Györ, dem antiken Arrabona, ist nur ein einziges syrisch-kultisches Denkmal bekannt, die dedicatio *Balti et Arvi deabus* [2]. (Taf. VI. Abb. 12). Auch diese Widmung bestätigt die erwähnte örtliche Verbindung der syrischen und lokalen Göttinnen. Aus Arrabona ist eine gleiche Darstellung wie die von Brigetio [3] bekannt: eine unter Blumen erscheinende Göttin. Arvis wird eine Göttin, aus dem Kreis der in Brigetio verehrten Campestres sein [4]. Es darf auch nicht übersehen werden, daß der Kult der Gottheiten der Scholle zur Zeit des Septimius Severus und seiner Nachfolger auch in Rom einen großen Aufschwung nahm und daß gerade das Collegium der Fratres Arvales, das die alten Traditionen pflegte, bei den Römern in hohem Ansehen stand [5].

Wie bereits erwähnt wurden in Brigetio wichtige Denkmäler der Verehrung der Magna Mater gefunden. Das einzige anerkannt pannonische Denkmal des Kultes des Sabazios kam dagegen in der Nähe von Györ, bei der römischen Villa von Ravazd zum Vorschein. Es ist dies das Fragment einer bronzenen Hand (Höhe: 6.2 cm) [6]. Bezeichnend sind der erhobene Zeige-und Mittelfinger,

---

1) CIL III 4327; L. Barkóczi, 57, Nr. 120 („wahrscheinlich kam es aus Szöny dorthin"). Nach der mündlichen Mitteilung hält er aber für möglich, daß es aus einer Siedlung am Limes stammt (z.B. *Ad Statuas* etc.). Vgl. S. Segert-L. Vidman, *De inscriptione Latina CIL III 4327 denuo reperta in Listy Filologické* 4, 1956, 171 ff; S. Segert, *Rimsky sarkofág CIL III 4327 v evangelickom a.v. kostole v Komárne in Slovenska Archeologia* 5, 1957, 240 ff (mit weiteren Literaturangaben); G. Alföldy in *AÉrt.* 86, 1959, 70, 72. Nach diesem Forscher im CIL mit ihm zusammengebrachte Inschrift des Sarkophages aus Komárom nicht dazu gehörig.

2) A. Börzsönyi in *AÉrt.* 27, 1907, 42; Gy. Veidinger, 31, Nr. 136; St. Paulovics, *Laureae Aquincenses*, II, 122, 131; Paulovics, 121 ff behandelt auch die Entstehung des Götternamens *Arvis* ausführlich. In der Inschrift kommt *ieabus* anstatt *deabus* vor; vgl. noch M. Pavan, 526.

3) Thomas, 38, Taf. V, 4.

4) Siehe : L. Barkóczi, 30, 60, Nr. 191, a und 192, Taf. XXXVIII, 3.

5) F. Altheim, *A History of Roman Religion*, London 1938, 463 ff; A. Calderini, *o.c.*, 391.

6) *AÉrt.* 18, 1898, 317 mit Abb. auf der S. 49; Gy. Veidinger, 39, Nr. 402;

der angebeugte Ring- und Kleinfinger, die sich um das Handgelenk windende Schlange (der Kopf fehlt). Die Finger der zum Schwur erhobenen Hand sind mit Ausnahme des Mittelfingers leider alle verstümmelt. Unterhalb der Handfläche, über dem Handgelenk ist ein Loch zum Einfügen angebracht (Taf. VI. Abb. 13).

Die auf einer Stange befestigten Hände sind ein charakteristisches Merkmal der Verehrung der phrygischen [1]) Gottheit. Im National-museum von Budapest werden zwei solche Hände aufbewahrt, die eine bronzene aus Zsena in Dazien [2]), die andere vielleicht aus Pannonien. Deren Material ist grauer, emaillierter Ton. Auf ihr ruhen eine Schildkröte, ein Salamander und ein aus quer übereinandergelegten Stäbchen gefügter nicht näher bestimmbarer Gegenstand [3]).

Savaria, dieses Zentrum des Kaiserkultes in Oberpannonien, spielte wie Wessetzky ausführlicher dargestellt hat, nicht nur in der Provinz, sondern auch im Gesamtreich eine hervorragende Rolle für die Verbreitung des Isiskultes in den westlichen Teilen. Es fragt sich nun, welche anderen orientalischen Kulte im religiösen Leben von Savaria von Belang waren.

Zwischen dem Isiskult dieser Stadt und der Verbreitung des orientalischen Ethnikums läßt sich, wie oben erwähnt keine Verbindung herstellen. Ob aber andere orientalische Kulte einen völkischen Hintergrund besessen haben? Um diese Frage entschei-den zu können, muß man sich kurz mit dem Erscheinen des syri-schen Elements in der Stadt befassen. Da dieses Problem in einer früheren Studie [4]) eingehend erörtert worden ist, genüge es hier, nur in Kürze auf einige wichtige Momente des Eindringens orien-talischer, bezw. syrischer Elemente hinzuweisen.

E. Lovas in *Boll. Ass. Inter. Studi Mediterr.* 2, 1931, 3, 9; F. Láng, in *Arch. Ért..* 1944-46, 184, Anm. 8, Taf. XXXV, 1; es wurde in der römischen Villa von Ravazd aufgefunden vgl. E. B. Thomas, *Römische Villen in Pan-nonien*, Budapest 1961, Kap. III: Ravazd.

1) Vgl. Chr. Blinkenberg, *Archäol. Studien*, Kopenhagen-Leipzig 1904, 66 ff.; M. Nilsson, *Gr. Rel.*, II, 631, Taf. 13, a-b.
2) I. Paulovics, *Vezető*, 85 f, Abb. 121; 127, Anm. 41 (Literatur).
3) I. Paulovics, 85; Gy. Veidinger, 39, Nr. 402. Aus Sotin erwähnt er eine Hand von Sabazios (nach Chr. Blinkenberg, C. 4); Merlat, 177 ff.
4) L. Balla- Z. Kádár in *Antik Tanulmányok — Stud. Ant.* 6, 1959, 112 ff.

Das Erscheinen des romanisierten syrischen Elements wird sich auch in Savaria wohl in der Zeit nach den Markomannenkriegen vollzogen haben. Mit Rücksicht auf den bürgerlichen Charakter der Stadt (in Savaria waren keine Truppenkörper stationiert), muß hier vor allem dem syrischen Handelselement Bedeutung zugesprochen werden, wenn auch die Zahl der Syrer an Bedeutung — wie unsere Quellen bezeugen — der in Brigetio oder in Intercisa nicht gleichkam. Hier sind drei Inschriften bekannt, die von Syrern mit angegebenem Herkunftsort gestiftet wurden [1]). Unter ihnen finden sich Personen mit ausgesprochen theophoren Namen, so Aurelius Iulius Faladus, dessen Grabinschrift vom Aurelius Bassus gestellt wurde [2]). Der theophore Charakter des Namens Faladus wird von zwei Inschriftendenkmälern von Dura-Europos bezeugt, (der griechischen Inschrift eines Kultreliefs [3]), weiter der Inschrift einer Kultgemeinde) [4]), beide dem Gott Aphlad gewidmet. Der Gottesname ist mesopotamischen Ursprungs [5]) und spricht für die syrische, wahrscheinlich nordsyrische Abstammung des Toten. Von hier verbreitete sich der Kult des Gottes nach dem Norden, längs des Euphrat [6]). Auch vom Standpunkt der Verbreitung der syrischen Kulte ist es merkwürdig, daß die einzige bekannte Analogie des Supranomens Faladus auf einer Votivinschrift von Hama (Dalmatien) erscheint, die von Flavius Faladus *sacerdos Iovi Dolicheno* gestiftet wurde [7]).

1) Auch ohne Benennung des Herkunftsortes kommen mehrere Leute aus dem Osten in den Inschriften von Savaria vor: wahrscheinlich kommt der Errichter einer Gebäudeinschrift, *Aurel(ius)* [A]ntipa[ter] aus dem Osten; CIL III 10916; ferner *Heliodorus*, der Sklave der Zollstation von Savaria, der der *Nemesis Aug.* einen Altar errichtet: CIL III 4161. Wir haben auf die östlichen Beziehungen des Nemesis-Kults anhand der Denkmäler von Aquincum und Brigetio oben hingewiesen.

2) L. Balla-Z. Kádár, 112 ff und Abb. 1, die Literatur über die östliche Herkunft des Namens Bassus: L. Balla-Z. Kádár, 114, Anm. 12.

3) C. Hopkins, *The Excavations at Dura-Europos. Preliminary Report 5*, 1931-32, New Haven, 1934, 106 ff, Taf. XIII; weitere Literatur: L. Balla-Z. Kádár, 113, Anm. 6.

4) C. Hopkins, 113 ff, Taf. XXVI; L. Balla-Z. Kádár, 113 und 113, Anm. 7.

5) Über die Herkunft und sprachliche Form des Götternamens: L. Balla-Z. Kádár, 113.

6) L. Balla-Z. Kádár, 113.

7) A. H. Kan, Nr. 51; P. Merlat, 55; L. Balla-Z. Kádár, 112; die Aufzählung der anderen ähnlichen Namen s. bei L. Balla-Z. Kádár, 112.

Ebenfalls nordsyrischer Abstammung sind Marianus und sein Onkel väterlicherseits, Zeno, die nach dem Zeugnis eines fragmentarischen Sarkophags aus Cyrrhus in Nordsyrien nach Savaria gekommen waren [1]).

Ein reich geschmückter Grabstein verewigt das Andenken des M. Aurelius Romanus, Veteranen der *legio X gemina,* aus Antiocheia gebürtig [2]).

Die bedeutendsten Denkmäler mit syrischen Beziehungen in Savaria waren dem Jupiter Dolichenus geweiht. Das einzige Monument, das mit Gewißheit datiert werden kann, ist ein in der Nähe des Iseum gefundener Altarstein. Laut der Inschrift wurde er von *M. Ulp(ius) Fin[i]tianus et G. Valerius Marianu[s],* die den Rang eines *beneficiarius consularis* bekleideten und der *legio X gem.* angehörten, im Jahre 206 gestellt [3]). Die beiden Dedikanten waren zwar wahrscheinlich nicht Orientalen, doch war ihr Truppenkorps öfters im Orient [4]), und eine der Mitglieder der Legion — wie oben bemerkt — stammte aus Antiocheia [5]). Auch ließ ein Soldat der Legion zu Daruvár dem Jupiter Dolichenus eine Votivinschrift setzen [6]). Die andere zu Savaria dem Jupiter Dolichenus gestiftete Votivinschrift ist leider sehr mangelhaft, nur einige Buchstaben des Namens der Gottheit sind erhalten [7]).

Ein wichtiges Denkmal des Dolichenuskultus in Savaria bildet eine marmorne Statuengruppe [8]). Die Skulptur ist von kompli-

---

1) L. Balla-Z. Kádár, 114 ff, Abb. 2; für den Namen Marianus: J. Dobiáš, 22 ff; H. Wuthnow, *Die semitische Menschennamen in griechischen Inschriften und Papyri des Vorderen Orients,* Leipzig 1930, 73. Vgl. noch oben, was wir über die syrische Bevölkerung von Intercisa und Brigetio geschrieben haben.

2) Fundort Szentkirály (in der Nähe von Szombathely-Savaria): CIL III 4182; 10920; zuletzt behandelt von Z. Kádár-L. Balla, *Savaria,* Budapest 1958, 27 ff.

3) T. Horváth in *AÉrt.* 42, 1928, 210 ff; 345 ff (deutscher Auszug); Gy. Veidinger, 33, Nr. 177; A. H. Kan, 65, Nr. 71; F. Láng in *AÉrt.* 1943, 69 ff und Anm. 17, Taf. XIV, 1. Die Auflösung von A. Alföldi in *Année Épigraphique* 1947, 30; P. Merlat, 81, Nr. 79.

4) Ritterling, *Legio* in *PWRE* XII, 1685 ff.

5) Vgl. Anm. S. 63 n. 2.

6) CIL III 3999; A. H. Kan, Nr. 36; 65, Nr. 69; P. Merlat, 73, Nr. 76.

7) CIL III 13424; Gy. Veidinger, 33, Nr. 178; I. Paulovics, *Lapidarium Savariense,* Szombathely 1943, 43; A. H. Kan, 65, Nr. 70; P. Merlat, 80 ff (mit weiterer Literatur).

8) Publ.: K. Kárpáti, *A Vasmegyei Régészeti Egylet Évkönyve (Jahrbuch*

zierter Komposition, die Gestalten sind in drei Höhenflächen plaziert. Die vom Betrachter links stehende Gestalt hebt sich am meisten ab. Sie trägt einen Panzer, dem sich an den Hüften sowie an der linken Schulter ein Hänger mit Ledergurt anschließt. Von der rechten Hüfte hängt ihm ein Säbel herunter. Der Kopf des Gottes fehlt, das Attribut, das die rechte Hand ehemals trug, ebenfalls. Die Achse des Körpers der gepanzerten Gestalt ist nach rechts gewendet, aus der Körperhaltung läßt sich, obwohl die Füße fehlen, schließen, daß die Figur mit gebeugten Knien dargestellt war. Von der mittleren Gestalt ist nur ein mit Draperie bedeckter Fuß zu sehen, sie scheint hinter der Hauptgestalt auf einem Sockel gestanden zu haben. Die Frauengestalt rechts ist etwas niedriger plaziert als Dolichenus, ihre Tracht besteht aus hochgegürtetem Chiton und Mantel, in der vorgestreckten Hand hielt sie meistmöglich einen runden Gegenstand. Zwischen dem Frauentorso und Dolichenus erscheint der Kopf eines Stieres mit dem Blick zurück. Der untere Teil der Statue fehlt; hinten ist sie glatt, nur durch die Falten des Mantels gegliedert. Bezeichnend für die technische Ausführung der Statue ist der Gebrauch des Laufbohrers (Höhe der Statue: 35, Breite: 34 cm). (Taf. VII. Abb. 14). Komposition und Ikonographie der Statue lassen viele Probleme aufkommen. N. Láng, dem wir die erste eingehende inhaltliche und stilistische Analyse der Statue verdanken, betonte, daß die neben dem Gott erscheinende Frauengestalt, die sein Paredros war, einem dicht neben dem des Gottes stehenden Tier gestanden haben mußte: „Jedenfalls waren die Körper der beiden Tiere sehr knapp nebeneinander aufgebaut. Nachdem der Stier, mit dem nach rechts gewendeten Kopf, in voller Seitenansicht dastand und so den größten Teil des Vorderplanes einnahm, dürfte das der niedrigeren Kniehöhe Dolichenus entsprechend wahrscheinlich etwas kleinere Tier der Göttin schräg zur Vorderfläche, in starker Verkürzung dargestellt gewesen sein." [1] Weiter betont Láng, daß

---

des Altertumsvereines des Komitates Vas), 19-20, 1891-92, 68; Gy. Veidinger, 33, 177; I. Paulovics, 43; F. Láng in *AÉrt.* 1943, 64 ff (in ungarischer Sprache), 66 ff (in deutscher Sprache), Taf. XIV, 2-4; P. Merlat, 78 ff, Nr. 77; weitere Literatur Z. Kádár-L. Balla, *Savaria*, 27, und Abb. 17.

1) F. Láng, 68.

die gedrängte Komposition der Darstellung des Götterpaares eine einzigartige künstlerische Leistung der Rundplastik sei [1]), die eben dadurch von der einzigen bekannten rundplastischen [2]) Darstellung in Marmor, der Gruppe von Cilurnum, völlig absticht. Bei derartiger Gedrängtheit der Komposition ist es schwer denkbar, wie die Frau auf einem Tier stehen konnte — ist doch unmittelbar vor ihren Füßen der Kopf des Stieres zu sehen. Da nun die Frau ohne Tierattribut auftritt, konnte neuestens bei P. Merlat der Gedanke auftauchen, daß sie weniger der Paredros des Gottes als vielmehr eine opfernde Priesterin sei, wie sie auch auf der Bronzeplatte von Treismauer (Trigisanum) auftritt [3]). Dieser Hypothese widerspricht unter anderem die Tatsache, daß im Gegensatz zur Darstellung auf der erwähnten Platte die Frauengestalt von gleicher Größe wie der Gott ist. Daß aber ein Sterblicher von gleicher Größe wie die Gottheit hätte sein dürfen, läßt sich schwerlich denken. Eine Lösung dieser Schwierigkeit böte die Hypothese von I. Paulovics, der meinte [4]), Dolichenus habe nicht auf dem Rücken des Stiers gestanden, sondern er habe seinen Fuß auf den Rücken des gestürzten Stiers gesetzt — ähnlich wie bei der einen Statue von Carnuntum [5]). Es schien demnach nicht notwendig, seinen Paredros auf dem Rücken eines Tieres darzustellen. Diese Hypothese scheint auch von der Kopfhaltung des Tieres mit dem Blick zurück unterstützt zu werden. Ist sie richtig, dann haben wir es nicht mit dem auf dem Stier stehenden Dolichenus sondern eher mit einer ikonographisch dem Mithras tauroktonos ähnlichen Darstellung des siegreichen Gottes zu tun, der auf dem besiegten Stier kniet. Angesichtes der starken Verzehrtheit des Denkmals

[1]) Vgl. F. Láng, l.c..

[2]) A. H. Kan, 130 f, Nr. 237; Fr. Cumont in *Syria* 1, 1920, 187 ff und Abb. 2; F. Láng, 68, Anm. 8. Von dieser Statue ist nur die Figur von Juno Regina verstümmelt erhalten geblieben, von Dolichenus „nur die Basis mit vier Hufen seines nach rechts schreitenden Stieres und Reste einer unter seinen Füßen sich windenden Schlange".

[3]) P. Merlat, 79 f; Traismauer: A. H. Kan, 81, Nr. 115, Taf. IV, 7, b; P. Merlat, Nr. 147, Taf. XII, 1.

[4]) Nach einer Aufzeichnung, die in seinem handschriftlichen Nachlaß vorgefunden wurde.

[5]) A. H. Kan, 70, Nr. 86, Taf. VI, Abb. 10; P. Merlat, 99 f, Nr. 106, Taf. VIII, 2.

läßt sich nicht eindeutig Stellung nehmen. Die Entstehungszeit der besprochenen Statue muß jedenfalls unter Berücksichtigung des einzigen datierbaren Denkmals des Dolichenuskultes von Savaria aus stilkritischen Gründe in die Zeit der Severus-Dynastie verlegt werden [1]).

Wahrscheinlich zu dem Dolichenus-kult in Beziehung steht ein in Savaria gefundenes, längst bekanntes [2]), aber bisher nicht enträtseltes Relieffragment. I. Paulovics gibt von dem Denkmal folgende Beschreibung: „in pannonisch barocker Einfassung das Relief eines gepanzerten Mannes, sowie der rechte Arm und die Flügel einer anderen Gestalt. Jedenfalls die Überreste eines mythologischen Szenenreliefs" [3]). Eine nähere Untersuchung des Denkmals (Höhe: 76, Breite: 36.5 Dicke: 26 cm) ergibt, daß es wirklich zwei Gestalten enthält, daß ferner die Gestalt rechts keine Flügel hat, sondern daß zwischen den beiden Gestalten — wie Maionica und Schneider dies [4]) bereits früher festgestellt hatten — eine Draperie gezogen ist, deren Zipfel mit einem Knopf an der stockartigen kurzen Stange in der Rechten der gepanzerten Gestalt befestigt ist, die eine hohe Mütze trägt. Beide Gestalten fassen gemeinsam eine lange, dünne Stange, mit der sie die Flügel der Draperie auseinanderhalten. Aus der Beschreibung geht hervor, daß man es mit einer kultischen Prozession zu tun hat wie sie oben, im Zusammenhang mit den Reliefs des Iseum näher beschrieben ist. Auch dieses Denkmal diente zur Ausschmückung des Gebäudes, seine technische Lösung ist dieselbe, wie bei den Reliefs des Iseum. Auf dem oberen Teil ist auch hier das zum Einfügen gebräuchliche Bolzenloch zu sehen. Auch ist das Fragment ohne Zweifel die linke Ecke einer größeren Komposition (Taf. VIII. Abb. 15).

1) Vgl. F. Láng, 70 („ungefähr um die Wende des II. zum III. Jahrhundert entstanden sein").

2) M. Bél, *Hungariae Novae Notitia. Membrum III. De Sabaria.* Zeichnung V: „*Lapis niger et excavato in eodem pariete arcis inferioris long. palam IX. latus V.*" Daneben zeigt er das Relief Anubis mit der Bemerkung „*lapis in eodem Arcis inferioris*", veröffentlicht von E. B. Thomas und Gy. Prokop in *Vasi Szemle* 2, 1959, 49. St. Schoenvisner erwähnt beide etwa ein halbes Jahrhundert später „*in nova arce episcopali*" in *Antiquitatum et Historiae Sabariensis*, Pestini 1791, 50, Taf. VI (*miles*).

3) I. Paulovics, *Lapidarium Savariense*, 40.

4) E. Maionica-R. Schneider, in *AEMÖ* 2, 1878, 11.

Der Baldachin erinnert an die Szene in der Mitte des unteren
Fläche des einen Dreiecks von Kömlöd, auf dem der militärisch
gekleidete Gott, ein Blitzbündel in der Linken haltend, unter
einem Baldachin auftritt (ihnen zu Füßen steht ein Altar) [1]).
Dennoch stößt die Ergänzung des fehlenden mittleren Teils des
Reliefs auf Schwierigkeiten, da ähnliche Kultprozessionen im
Denkmalmaterial des Dolichenuskultes nicht vorkommen. Zu
beiden Seiten des Gottes standen wahrscheinlich die den Baldachin
haltenden Priester [2]) mit Mütze, in militärischer Tracht. Der
mittlere Teil dagegen ist problematisch. Man kann sich eine ähnliche, gepanzerte Gestalt wie auf dem Dreieck von Kömlöd denken
(diese würde dann denn Gott vorgestellt haben) [3]). Es ist aber
auch denkbar, daß der Genius des Dolichenus [4]), oder gar seine
Statue oder auch das eine kultische Dreieck die Mitte einnahmen.
Gewiß ist, daß unser Monument trotz seiner mangelhaften Erhal-
tung ein wichtiges Glied in der Kette orientalischer Denkmäler
bedeutet.

Übrigens findet man zum künstlerischen Aufbau der Komposition bemerkenswerte Analogien in den Reliefs, welche die Fami-
liengräber von Celeia, besonders aber deren untere Teile und die
Grabkisten schmücken. Das gilt namentlich für das Opfer der
Iphigenie(?) sowie für die Reliefplatten mit den Szenen Alkestis-
Herakles, auf denen über den Gestalten ganz ähnlicher Rahmen-
schmuck wie auf dem Denkmal von Savaria angebracht ist. J.
Klemenć nimmt als Entstehungszeit der Denkmäler die Spanne
zwischen 138-142 an; das Relieffragment entstand wahrscheinlich
zu Anfang des III. Jahrhunderts [5]).

---

1) Diese Figur stellt nach A. V. Domaszewski, 12 Jupiter Dolichenus
dar, nach P. Merlat 67 ff aber den römischen Jupiter. *Cf.* Merlat; 204 ff.

2) Vgl. die Tiara der Priester auf dem Fresko von Dura, die im Tempel
der Götter von Palmyra erscheinen und ihre Opfer darbringen: O. Eissfeldt, 137 (mit weiterer Literatur); U. Kahrstedt, *Kulturgeschichte der römischen Kaiserzeit*, Bern 1958, Abb. 63.

3) Vgl. Anm. S. 67 n. 1; ferner die drei als Soldaten gekleideten Lichtgott-
heiten unter dem Baldachin auf einer Tessera von Palmyra: O. Eissfeldt, 83,
Abb. 21; A. Champdor, 125.

4) Vgl. J. Leipoldt, XVI, fig. 118, dagegen: A. H. Kan, 45.

5) J. Klemenć in *Arheloski Vestnik* 7, 1946, 384 ff und Abb. 1; Klemenć
in *Archeology* 1957, 117 ff, Abb. 4 und 12.

Unter den Denkmälern der mit dem Dolichenuskult in Savaria zusammenhängenden Götter muß ein Sol erwähnt werden. Leider ist das gegen Ende des vergangenen Jahrhunderts entdeckte Denkmal verloren gegangen und nur aus Zeichnungen und oberflächlichen Beschreibungen bekannt. Die kleine bronzene Statuette stellte den Gott mit der Chlamys auf den Schultern dar. Nach den an der Statue angebrachten Löchern zu schließen, müßte sie auf irgendeinem größeren Gegenstand befestigt gewesen sein [1]. Eine Statue des Paredros des Sol, der Luna, wurde in Savaria nicht gefunden, dafür ist ein auf das Ende des II. Jahrhunderts datierbarer Altar bekannt, vom Italiker L. Satrius Auspicatus *Lunae Luciferae* gewidmet [2]. Bekanntlich tritt der Kult dieser Göttin in Rom zuerst unter der Regierung der Syrerin Julia Domna auf [3]. Wahrscheinlich spielten in diesem Kult auch orientalische oder gar syrische Einflüsse mit.

Ebenfalls in romanisierter Form erscheinen in Savaria die verschiedenen Göttermütter, an deren Verehrung auch die Orientalen in beträchtlicher Anzahl teilnahmen. Trotzdem findet sich unter den Darstellungen nur eine einzige mit charakteristisch — unrömischen Zügen. Es ist dies eine Terracotta-Statuette; nach dem Zeugnisse des Inventarbuches des Museums von Savaria ein Lokalfund (Inv. Nr: 54.187.264, Höhe: 16.4, Breite: 12.8 cm). Die Statuette stellt eine auf einem sich nach oben verbreiternden Thron sitzende Göttin dar, in bis an die Knöchel reichender, faltenloser Tracht. Der Kopf fehlt. Um den Hals ist ein dreireihiges, aus oben mehr rundlichen, unten länglichen Anhängern bestehendes Halsband geschlungen. Die Arme, von pelzverbrämtem Kleid bedeckt, sind an den Leib gedrückt. Auf der Rückseite ist ein großes, rundes Loch angebracht. Im Inventar ist diese Statue als

---

[1] K. Kárpáti in *AÉrt.* 18, 1898, 155, sein Bild auf der S. 153, Zeichnung 1.

[2] K. Kárpáti in *Vasmegyei Régészeti Egylet Évi Jelentése* (*Jahrbuch des Altertumsvereines des Komitates Vas*) 1897, 70 ff; I. Paulovics, 20; der Errichter ist L. Satrius Auspicatus; der Name Auspicatus sei nach L. Balla norditalienisch: L. Balla, *Savaria története a feliratok tükrében* (*Die Geschichte Savarias im Spiegel der Inschriften*), Debrecen 1958 (in Manuskript).

[3] H. Mattingly, *Coins of the Roman Empire in the British Museum* V, London 1950, XXXIX: Diana . . . as Luna Lucifera she drives her team of bulls or horses, a counterpart of the charioteer Sol . . . Sun and Moon, as symbols of eternity, express the „Eternity of the imperial house".

„Magna Mater mit 21 Brüsten" verzeichnet; doch ist der Ursprung der Darstellung nicht unter den Denkmälern Kleinasiens, sondern in anderen Gebieten zu suchen.

Verwandte Muttergöttintypen kennen wir unter den Terrakottastatuen aus Sizilien: bei allen handelt es sich um archaische Demeter-Darstellungen [1]. Die Fundumstände der oben erwähnten Terrakotte von Savaria sind leider unbekannt, und es ist keineswegs sicher, daß sie aus der Römerzeit stammt, zumal man auch auf der Kleidung syrischer Göttinnen ähnliche Schmuckstücke findet [2]. Zweifellos haben wir es hier — im Gegensatz zu anderen Terrakotten von Savaria [3] — nicht mit einheimischen, sondern mit Importgegenständen zu tun.

Als Hinweis zur Lösung der Frage, ob die zu Savaria verehrte Venus Victrix wohl ihrem Wesen nach mit der romanisierten Dea Syria identisch sei, ist eine Inschrift sehr wichtig, die von einem Augustalen — er war Heliodorus genannt und wahrscheinlich ein Orientale — dieser Göttin und dem Jupiter Heliopolitanus gemeinsam gestiftet wurde [4]. In Savaria sind zwei Inschriften der Göttin bekannt; die eine wurde von Daphnus, *villicus* der *colonia Savaria*, *Genio Candidatorum Veneri Victrici* auf Geheiß des *C. Iul. Sabinianus sacerdos* gestiftet [5]. Im Zusammenhang mit dem Votum

1) Vgl. z.B.: L. v. Matt-L. Pareti-P. Griffo, *La Sicilia Antica*, Genova 1959, 106.

2) Z.B.: H. Ingholt, *o.c.*, 33 ff, Taf. VI, 1; R. Paribeni, *Le Terme di Diocleziano*, Roma 1922 [4], Nr. 196; J. Leipoldt, XV, Abb. 110; über die religionsgeschichtliche Bedeutung des Schmuckes: Le Comte du Mesnil du Buisson, *Le sautoir d'Atargatis et la chaîne d'amulettes*, Leiden 1947, 1-24, Taf. I-V, hauptsächlich Taf. III.

3) Vgl. N. Fettich in *AÉrt.* 39, 1920-22 (Beilage), 1 ff. Diese Terrakotten, offer-artige Gegenstände sollen nach den neueren Forschungen von Dr. Julius Mérey meistenteils Kranke darstellen (mit Ausnahme der Venus-Darstellungen u.a.).

4) CIL III 1139; G. Alföldy in *Act. Ant. Acad. Scient. Hung.* 6, 1958, 445: „Der Name ist ein Sklavenname". Die Inschrift kam in der Zeit nach den markomannischen Kriegen zustande, Carnuntum wird als Kolonie erwähnt. Über die Beziehung von Jupiter Heliopolitanus zu Atargatis vgl. M. Rostovtzeff, *Dura Europos and its Art*, Oxford 1938, 42 ff, 142.

5) CIL III 4152 = ILS 7119, das Bild s. bei J. Hampel in *AÉrt.* 29, 1909, 42, Abb. 36; Z. Kádár in *Numizmatikai Közlöny* 58-59, 1959-1960, 12 Anm. 63, 64; die andere Venus-Victrix-Inschrift von Savaria wird von Eburus dediziert: CIL III 5033, Z. Kádár, 12. Über den Venus-Kult von Savaria, über die Beziehungen der östlichen und der „einheimischen" (mehr thrakisch-

des C. Iul. Sextinus aus Aquincum wurde bereits auf die Wechsel-
wirkungen des Kultes der Dea Syria und der öffentlichen Kulte
des Munizipallebens verwiesen. Besonders die schon erwähnte
britannische Inschrift, auf der die Göttin *iusti inventrix, urbium
conditrix* genannt wurde [1]), macht es erklärlich, daß diejenigen,
die zur Zeit der Severi in Savaria ein öffentliches Amt anstrebten,
der romanisierten Dea Syria einen Altar stifteten. Für die Zusammenhänge zwischen dem Kult des *Genius Candidatorum* und der
Verehrung der Dea Syria sei wiederum auf den aus der Zeit des
Gordianus stammenden Altar verwiesen, auf dem — oberhalb
der Dedikation an Jupiter Heliopolitanus — Dea-Syria-Atargatis
zwischen zwei Löwen als Tyche-Fortuna erscheint [2]). Bekanntlich
wurde die syrische Glücksgottheit Gad sowohl in Männer- als
auch in Frauengestalt verehrt [3]), sodaß sie die Züge des Genius
und der Fortuna gleichsam in sich vereinigte. Man darf aber auch
nicht vergessen, welch wichtige Rolle der Venus Victrix im Kaiser-
innenkult zur Zeit der Severi zukam [4]).

Im Kulte der Venus Victrix, wie er in Savaria, dem Zentrum des
oberpannonischen Kaiserkultes, blühte, tritt uns also eine der
innigsten Verschmelzungen von Staatskult mit orientalischen
Kulten entgegen.

Schon bei der Besprechung der orientalischen Kultdenkmäler
wurde darauf hingewiesen, daß die die Venus darstellenden Blei-
statuetten mit dem Erscheinen des syrischen Elements in Zusammenhang gebracht werden können. Ähnliche Denkmäler sind auch
in Savaria ans Licht gefördert worden, darunter als das größte
ein massives Gußstück, das in einer auf gewundenen Säulen ruhenden
aedicula die Venus pudica darstellte, zu ihren Füßen Amor mit dem
Spiegel. Die Haartracht der Göttin gemahnt an die Frisur der
Kaiserinnen der Severerzeit [5]). Der aus Brigetio bekannte Typus:

illyrischen) Kulte: Z. Kádár in *Acta Univ. Debreceniensis de L. Kossuth nom.*
V, 1957, 65 ff (in italienischer Sprache).

1) S. oben Anm. S. 13 n 3.
2) S. oben Anm. S. 13 n. 2.
3) O. Eissfeldt, 32, 126.
4) Über diese Frage vgl. Z. Kádár in *Num. Közl.* 58-59, 1950-1960, 11 ff
(mit weiterer Literatur).
5) K. Kárpáti in *AÉrt.* 18, 1898, 155, Abb. auf der S. 153,4; E. B. Thomas,
34; Z. Kádár-L. Balla, *Savaria*, 30 ff und Abb. 22.

die Bleistatuette der in einer durchbrochenen aedicula stehenden
Venus, den Spiegel in der Linken, den abgeworfenen Mantel in
der Rechten haltend, ist auch in mehreren Exemplaren aus Savaria
bekannt [1]). Die überraschende Ähnlichkeit der Form kann eventuell
aus eher gemeinsamen Werkstatt oder aus einem Import der
Gußformen erklärt werden [2]). Im Zusammenhang mit ihrer Entstehung mag außer dem oben Gesagten die Beobachtung von
Edith B. Thomas zitiert werden, daß die mit starren Pflanzengir-
landen geschmückten *aediculae* ,,in Konstruktion und Aufbau
jenen Blumenlauben ähnlich sind, die im Orient in Mesopotamien
und Ägypten bei feierlichen Anlässen vor dem Kultbild und der
Statue errichtet wurden'' [3]).

Bei der Erörterung der Entstehung der besprochenen Denkmäler darf auch nicht vergessen werden, daß im Museum von
Savaria ein syrischer Sarkophag aus der Römerzeit mit hellenistischen Ornamenten [4]) (dionysischen Protomen) aufbewahrt wird.

Um kurz auf die orientalischen Beziehungen des sepulchralen
Denkmalmaterials einzugehen, — eines reichgeschmückten, bac-
chischen Sarkophags nur erwähnend [5]) — müssen sie die orientalischen Beziehungen der sepulchralen Symbolik erörtern. Es sind
hier jene Grabaedicula-Dekors gemeint, auf denen zwischen zwei

---

1) K. Kárpáti, 155, Abb. auf der S. 153, 3; die genaue Analogie eines
anderen, unpublizierten Stückes bei E. B. Thomas, Taf. V, 1. — Gleichfalls
verwandt ist damit die Venus mit aedicula im Historischen Museum von
Budapest, die als zweiseitiger Guß ausgearbeitet ist (Höhe 10.7 cm): E.
Thomas, 34, 38, Taf. VI, 2 mit einer kleinen Venus-Statue aus Brigetio:
E. B. Thomas, Taf. VI, 1.

2) Auf einer Blei-Statue aus Brigetio, ein ähnliches Stück wird auch im
Museum von Savaria aufbewahrt. Es stellt die sitzende Ceres dar und
zeigt die Inschrift *CISONI* (Hofmann in *AÉrt.* 1, 1881, 213, Abb. 2 b; CIL
III 6013). Kein Mensch mit dem gleichen Cognomen ist in Pannonien
bekannt, Mommsen beruft sich aber auf eine Inschrift in griechischer
Sprache aus Novara, wo der Name Kisonos (in CIL V p. 270) vorkommt,
ein ähnlicher Name ist auch auf einem Papyrus von Oxyrhynchus aufzu-
finden: E. Grenfell-A. S. Hunt, *Oxyrh. Papyri* XVII, Nr. 2098.

3) E. B. Thomas, 38.

4) Unpubliziert, Inventarnummer: 54. 747. 3. Vgl. M. Chéhab, *Sarco-
phages en plomb du Musée National Libanais* in *Syria* 1935, 336 ff, Taf. XLVI.

5) L. Barkóczi in *AÉrt.*, 1944-45, 189 ff, Taf. LXXIII, 1-2. Vgl. ebendort
Taf. LXIII, 3-5 (Daruvár), die Ornamentik beider Sarkophage weist hellenistisch-orientalische Wirkungen auf.

antithetisch gegeneinander gestellten (in den Krallen einen Widder-
kopf haltenden) Löwen eine bärtige Maske sichtbar ist. Das bedeutendste der vielen Fragmente aus der Umgegend von Savaria kam
aus Kiskajd bei Szombathely ins Lapidarium von Szombathely
(Höhe: 53, Breite: 85 cm) [1]).

Der bärtige Männerkopf trägt einen platten Modius, das Loch
in der Mitte diente vielleicht zum Einfügen des Fichtenzweiges
(*pinia*) [2]). Wie erwähnt erblicken die Mehrzahl der Forscher in
dieser symbolischen Komposition einen Einfluß des Kybele-
Kultes [3]). In Savaria begegnet uns außerdem eine eigenartige Vari-
ante dieses Typus: der bärtige Kopf trägt ein Widderhorn, ist also
Jupiter Ammon ähnlich [4]).

So wie die zwischen den Löwen erscheinende bärtige Maske mit
dem Modius unmittelbar für die lokale Wirkung des Kybele-kultes
Zeugnis ablegt und auf Einflüsse aus dem Süden deutet [5]), so
beweist das Erscheinen des Kopfes des Jupiter Ammon im sepulchralen Denkmalmaterial nicht, daß die Grabsymbolik von Savaria
— ähnlich den anderen Zweigen der Monumentalkunst — den
Einflüssen ägyptischer Kulte unterworfen gewesen wäre. Die
Löwenkomposition mit der Maske ist ein Symbol der Wieder-
geburt der Grabsymbolik in der Kaiserzeit, auf Grund hellenistisch-
orientalischer Elemente. Bezeichnend für ihre autonome Entstehung ist, daß dieser Bildtypus in Oberpannonien und im Grenzgebiet von Pannonien und Moesia sowie in Dalmatien am häufigsten
auftritt [6]).

Aus dem oben gesagten geht hervor, daß in Savaria neben dem

1) S. Ferri, *Arte romana sul Danubio*, Milano 1933, 262, Abb. 317.
2) Vgl. z.B. ein Denkmal aus Dazien: Gr. Florescu in *Ephemeris Daco-
romana* 4, 1930, Nr. 48, 104, Abb. 41.
3) Vgl. H. Graillot, *Le culte de Cybèle, mère des dieux à Rome et dans l'empire
romain*, Paris 1912, 489; A. Schober, *Die römischen Grabsteine von Noricum
und Pannonien*, Wien 1926, 214; Gr. Florescu, *o.c.*, 144. Vgl. noch was oben
in Verbindung mit den Denkmälern von Aquincum gesagt wurde, ferner
über den bärtigen Kopf: Conze in *AM* 13, 1888, 203; H. Graillot, 194, Anm. 3
(numismatische Analogien).
4) S. Ferri, 263. Vgl. die Analogien aus Dazien: S. Ferri, 263; Gr. Florescu,
105.
5) Der Typus kommt in dieser Form in den östlichen Provinzen nicht vor.
6) Vgl. das reiche Material aus Dazien bei Gr. Florescu, *o.c.* vor allem
die Bilder 41-43, 60-65.

ägyptischen Denkmalmaterial auch das syrisch-kultische einen bedeutenden Platz einnimt.

Es sei noch erwähnt, daß die Juden gleichzeitig mit den Syrern in die Stadt gekommen sein mochten. Ihre Anwesenheit dort ist durch zwei Denkmäler erwiesen [1]).

Das eine ist ein Lämpchen aus rotem Ton (II.-III. Jh.). Auf dem Diskus die Menora, rechts und links je ein Palmzweig (lulab)[2]). Das andere ist eine aus blauem Stein geschnitzte Gemma, auf der im Halbrelief ebenfalls die Menora erscheint, an den Stellen der Arme des Leuchters sind sogar die Flammen zu sehen [3]).

Ohne die Erwähnung der orientalischen Denkmäler der Christen wäre das Bild der orientalischen Kulte in Savaria gewiß nicht vollständig. Die namen auf mehreren christlichen Inschriften weisen wahrscheinlich auf Orientalen hin [4]). Besondere Erwähnung verdient eine Inschrift, die sich auf ein Mädchen mit Namen Surica bezieht, sowie eine Andere, in der ein gewisser *Aur. Iodorus civ(is) ex reg(ione) Ladic(ena)*, also ein Kleinasiate, auftritt [5]). Außerdem finden sich im Denkmalmaterial die sog. Froschlämpchen ägyptischen Ursprungs [6]), sowie die ebenfalls ägyptischen Menas-Ampullen [7]). Diese Pilgerandenken sind zugleich ein Beweis für die westliche, durch Savaria zum Rhein führende Route, deren eine Station Savaria war.

1) Zusammenfassend: S. Scheiber, 55, 9a und b.
2) D. Iványi, *Die pannonischen Lampen* (*Diss. Pann.* II, 2), Budapest 1935, 106, Nr. 986, Taf. XL, 5; S. Scheiber, *Corpus IHJ*, 55, 9a (mit weiterer Literatur).
3) Gy. Gábor in *Az Izraelita Irodalmi Társulat Évkönyve* (*Jahrbuch der israelitischen literarischen Gesellschaft*), 1931, 154; Scheiber, 55 f, 9 b (mit weiterer Literatur).
4) CIL III 4197; A. Schober, Nr. 87; über die Geschichte des Christentums in Savaria s. T. Nagy, *Die Geschichte des Christentums in Pannonien bis zu dem Zusammenbruch des römischen Grenzschutzes* (*Diss. Pann.* II, 12), Budapest 1939, 210 ff (mit weiterer Literatur).
5) CIL III 4220; Diehl, *ILCV* 2201; Abb. bei L. Nagy, *Pannonia Sacra* (Sonderabdruck aus *Szt. István Emlékkönyv*) Budapest 1938, 92.
6) D. Iványi, *o.c.*, Typ XIV, S. 108, Nr. 1024-1025, Taf. XLI, 7 und 11; ihre religionsgeschichtliche Deutung s. bei Z. Kádár, *Regnum*, 1938-39 (Budapest), 48 ff.
7) L. Nagy in *Atti del Congresso Internazionale di Archeologia Christiana* 1934, 305, Abb. 12; Nagy, *Pannonia sacra*, 96, Abb. 60; in Bezug auf ihr ikonographisches Problem und auf ihre Herkunft s. Z. Kádár, *o.c.*, 47 ff.

Eine religions- wie auch sozialgeschichtliche Übersicht über die Funde der kleinasiatischen und syrischen Kulte ergibt, daß im Denkmalmaterial aller orientalischen und syrischen Kulte die kleinasiatischen am wenigsten zahlreich vertreten sind. Im dem untersuchten Gebiet fanden sich insgesamt drei der Magna Mater gewidmete Altäre (in der ganzen Provinz in Summa sieben) [1] — alle drei längs des Donaulimes. Es ist bemerkenswert, daß in Aquincum aus dem wir übrigens auch von der Existenz eines mit dem Kult der Magna Mater und des Attis zusammenhängenden *collegium dendrophorum* Kenntnis haben (ähnliche Denkmäler in Igg und Sziszek) [2], die Verehrung der Großen Mutter sich mit der Verehrung der Ureinwohner für ihre Göttermütter verschmolz. In der Nähe von Brigetio, in Leányvár, dagegen wurde ausdrücklich von einer gewissen Marina, wahrscheinlich einer Syrerin, ein Altar errichtet. Es scheint, daß der Kult der Magna Mater in Pannonien ebenso wie der Kult der Isis einer bestimmten völkischen Grundlage entbehrte. Hierfür gibt es zwei Gründe. Einerseits verbindet sich der Kult dieser Göttin — nach dem Zeugnis der Münzen — schon zur Zeit des Hadrian auch im öffentlichen Kult mit dem der römischen Götter, wodurch er seinen orientalischen Charakter einbüßte. Andererseits darf man nicht vergessen, daß die Rolle des kleinasiatischen Elements in diesem Gebiet bei weitem nicht so bedeutend war wie etwa in Dazien oder Pannonia Inferior [3]. In Ungarn findet sich nur eine einzige Darstellung der Göttin Kybele, auf der erwähnten Bronzemedaille von Székesfehérvár, auf der ein Brustbild der Göttin mit allen ihren Attributen zu sehen ist. Auch der Kult des Sabazios wird nur durch ein einziges, sicher aus Ungarn stammendes Denkmal belegt, das wie ebenfalls erwähnt, in der Nähe des Donaulimes, in der römischen Villa von Ravazd gefunden wurde.

1) Vgl. Gy. Veidinger, Nr. 206, 208, 209 (die zwei letzteren in Ljubljana), 217; über den Magna Mater-Kult in Carnuntum: E. Swoboda, *o.c.*, 172, 246, Anm. 6 (mit der neueren Literatur).

2) Gy. Veidinger, Nr. 207 und 212.

3) Vgl. CIL III 860, 870, und s. noch z. B. CIL III 1222, 1324 etc.; L. W. Jones, *o.c.*, 276. Charakteristisch kleinasiatischer Gottheit ist Jupiter Tavianus in Pannonien: Gy. Veidinger; 34, Nr. 205; M. Pavan, 526, Anm. 8; vgl. L. W. Jones, 282.

Dagegen ist die gesamte pannonische Grabsymbolik mit Elementen der Kybele-Attisverehrung durchtränkt. Der trauernde Attis ist in der Sepulchralkunst allgemein verbreitet, auch der bärtige Kopf des zwischen zwei Löwen erscheinenden phrygischen Gottes tritt häufig auf, besonders längs der sogenannten Bernsteinstraße, so in Savaria. Kurz, der Einfluß kleinasiatischer Kulte ist nur insofern von Wichtigkeit, als diese durch ihre Grabsymbolik eine befruchtende Wirkung auf die römischen sepulchralen Vorstellungen ausübten.

Eine bedeutend größere Rolle kam unter den orientalischen Kulten der Verehrung der syrischen Götter zu. Unter ihnen nahm eine hervorragende Stelle jene Gottheit aus Kommagene (Grenzgebiet zwischen Kleinasien und Syrien) ein, die zur Zeit der römischen Kaiser in der Gestalt des auf dem Stier stehenden Jupiter Dolichenus verehrt wurde.

Fast dreißig Inschriften, sowie Kultstatuen und andere Denkmäler legen ein beredtes Zeugnis ab für die Verbreitung des ihm gewidmeten Kultes. A. H. Kan schreibt, daß von den Donau- und Alpenprovinzen sich „der Dolichenuskult am frühesten und am dauerhaftesten in Pannonien und den angrenzenden Provinzen ... eingebürgert hat", daß ferner diese Provinz „überhaupt vor allen Provinzen die meisten Denkmäler aufweist" [1]).

Es ist jedoch zu bemerken, daß von den Inschriften nur ungefähr ein Drittel ins Gebiet des heutigen Ungarn fällt.

Das erste pannonische Denkmal des Dolichenuskultes, gleichzeitig das erste datierbare Votum des ganzen europäischen Teiles des Imperium Romanum stammt aus Carnuntum. Es ist dies die Inschrift des zu Ehren Hadrians errichteten Tores und einer Wand, von der *iuv(entus) col(ens) Iove(m) Dolichen(um)* auf eigene Kosten errichtet [2]). Schon diese Inschrift ist ein Beweis dafür, daß die Verehrung des kriegerischen — in den meisten Fällen in Militärkleidung dargestellten Gottes wie auch der Kult der friedlichen Isis in Pannonien in engster Verbindung zum Kaiserkulte stand. Das wird auch durch die spätere zu Carnuntum dem Commodus gewidmete Inschrift bestätigt [3]).

1) A. H. Kan, 16.
2) A. H. Kan, Nr. 85; P. Merlat, 110, Nr. 121.
3) A. H. Kan, 73, Nr. 90-93; P. Merlat, 105 ff, Nr. 113; 107 ff, Nr. 115.

Die pannonische „Renaissance" dieses Kultes geschah unter den Severi als eine Folge des Zusammenwirkens mehrerer Umstände. Die Reformen zur Besserung der Lage der Soldaten, das Eindringen orientalischer Götter in die Lagerheiligtümer [1]) verliehen dem Dolichenuskult eine weitgreifende Wirksamkeit. Dazu kam die Rolle der im Orient herumgekommenen Soldaten, besonders der *legio X gemina*. Es ist bereits erwähnt worden, daß der Besuch des Kaisers Septimius Severus in Pannonien, im Jahre 202, zur Stärkung der Beziehungen zwischen dem Dolichenuskult und dem Kaiserkult beitrug. Im allgemeinen fällt der Aufschwung des Jupiter Dolichenus-Kultes mit der im ganzen Reichsgebiet vor sich gehenden Erstarkung des Kultes jener Gottheiten von triumphal-soteriologischem Charakter zusammen, die den Sorgen und den Lebensnotwendigkeiten des einzelnen besser Rechnung trugen. Das ist ein typisches Zeichen der beginnenden allgemeinen wirtschaftlichen, sozialen und kulturellen Krise des Reiches.

Neben all diesen Faktoren kommt eine ganz besondere Bedeutung den um die Wende des II. und III. Jahrhunderts in dieser Donauprovinz sich vollziehenden ethnischen Veränderungen zu. Die wichtigsten pannonischen Mittelpunkte des Kultes, Carnuntum und Brigetio, liegen auf der Nordseite des Donaulimesweges. In beiden Orten hatte der Gott seinen Tempel. Die bezeichnete Route ist einer der Hauptwege des Eindringens der Orientalen in Pannonien, in beiden Städten läßt sich denn auch bedeutendes syrisches Ethnikum nachweisen. In Brigetio hatte Jupiter Dolichenus seine Verehrer nicht nur unter dem Militär, der soziale Hintergrund seines Kultes dürfte zum größten Teil von den im Munizipalleben der Stadt eine bedeutendere Rolle spielenden syrischen Beamten, Kaufleuten und Liberti gebildet worden sein.

Gerade dieser Umstand verdient schon deshalb hervorgehoben zu werden, weil Brigetio der einzige Ort ist, wo in Pannonien die wichtige Rolle des bürgerlichen Elements in den syrischen Kulten sich entschieden geltend macht [2]). Dieser Umstand hängt mit dem zur

---

1) A. v. Domaszewski, 59; J. Fitz in *Acta Arch. Acad. Scient. Hung.* 11, 1959, 258. Ebendort über die Verbesserung der Lage der Soldaten.

2) Über die gesellschaftliche Lage der Anhänger der östlichen Kulte in Pannonien: T. Nagy, *Gesch. Christ.*, 27, Anm. 179-184.

Zeit der syrischen Severus-Dynastie verstärkten Zug bei den Orientalen längs des Limes von Pannonien zum Stadtleben zusammen.

Der Dolichenuskult von Pannonien scheint sich gleich den anderen orientalischen Kulten längs der beiden Hauptrouten verbreitet zu haben, das heißt einerseits längs des Donaulimes, in ost-südöstlicher Richtung von Carnuntum, (Brigetio-Aquincum-Lussonium); andererseits längs der großen Bernsteinstraße Aquileia-Carnuntum, das heißt südlich von Carnuntum nach Savaria [1]). Der Kult der Gottheit findet sich wohl auch längs der Nebenlinien, die sich der Haupstraße anschließen, so in Daruvár oder in Gorsium (dem späteren Herculia). In Innerpannonien jedoch kommt er seltener vor. Leider ist der genaue Ort eines der wichtigsten Monumente des Dolichenuskultes, der dem Andenken des Besuches der beiden Kaiser (gewiß Septimius Severus und Caracalla) gewidmeten Inschrift unbekannt, die die Versammlung der Dolichenuspriester verewigt. Zwar hatte J. Fitz topographisch wahrscheinlich gemacht, daß die zu Sárpentele gefundenen Inschriften aus Gorsium stammen; trotzdem bleibt ein ungelöstes Problem, warum die innerpannonische Kolonie ein wichtigeres Kultzentrum gewesen sein solle als Aquincum, die Hauptstadt von Pannonia Inferior, die gerade zur Zeit der Severi (194?) zur Colonia erhoben wurde. Die Blüte des Dolichenuskultes in den Severusjahren, die in Pannonien und anderen Donauprovinzen durch die Restauration der beschädigten Tempel bestätigt wird [2]), welkte nach dem Aussterben der Dynastie dahin. Das letzte datierbare Denkmal ist ein Altar zu Carnuntum, dem Gotte für das Wohlergehen des Maximinus Thrax (235-238) gewidmet [3]). Die Behauptung Géza v. Alföldy's in Bezug auf

---

1) A. H. Kan, 19 beschreibt die Rolle eines früher in Brigetio dienenden, später nach Germanien gelangten Soldaten aus Savaria, der zur Verbreitung des Dolichenus-Kults in Germanien beitrug, demgegenüber vgl. M. Pavan, 524, Anm. 6.

2) A. H. Kan, Nr. 288 (anno 194 Aquae Mattiacorum); Nr. 296 (211: Colonia Agrippinensis), in Pannonien die oben erwähnte, in Sárpentele vorgefundene Inschrift (Rekonstruktion des Dolichenums von Gorsium?). Vgl. noch J. Fitz, 258, Anm. 216: ,,Bemerkenswert, daß man auch die Dolichenus-Heiligtümer entlang jener Straßenlinie findet, die der kaiserliche Zug hinter sich legte. Hier denken wir in erster Linie an die Stationsorte der *beneficiarii*''.

3) A. H. Kan, 74 ff, Nr. 98; P. Merlat, 100 f, Nr. 108.

Aquincum gilt für ganz Pannonien, daß nämlich der Kult des Dolichenus gegen die Mitte des III. Jahrhunderts seine Bedeutung völlig eingebüßt habe, und daß im Leben des Militärs der mit dem Siegesgotte identifizierte iranische Mithras die Stelle des Jupiter Dolichenus einnimt [1]).

Die Schlüsse aus dem epigraphischen Material werden durch die Resultate des archäologisch-künstlerischen Materials organisch ergänzt. Vom ikonographischen Gesichtspunkt aus betrachtet lassen sich die in Ungarn gefundenen, mit dem Dolichenuskult zusammenhängenden Darstellungen in folgende Gruppen einreihen: a) Dolichenus, Iuno Regina und Victoria, bezw. Dolichenus und Victoria, b) Dolichenus in Militärkleidung auf dem Stier stehend, c) Dolichenus in Persertracht, d) Dolichenische Kultprozession. Die vollkommenste Darstellung des ersten Typus ist die Statue von Savaria. Eine einfacherre Version der Komposition zeigt das aus einem unbekannten Fundort in Ungarn stammende Relief, auf dem Victoria dem auf einem Stier stehenden Dolichenus die Krone reicht. Varianten der II. und III. Grupppe sind besonders aus Brigetio bekannt. Die steinernen Dolichenusstatuen von Brigetio und Carnuntum deuten auf Beziehungen zu Carnuntum, wobei jedoch nicht vergessen werden darf, daß die Gruppe von Savaria — soweit unsere bisherigen Kenntnisse reichen — im ganzen Imperium Romanum einzig dasteht. Einzigartig ist auch das Fragment der Dolichenusprozession aus Savaria, auf dem die Dolichenuspriester in hoher Mütze und Militärkleidung, einen Baldachin haltend, einherschreiten. Einen ähnlichen orientalischen Baldachin sieht man auch auf dem einen Dreieck von Kömlöd. Die zwei Dreiecke von Kömlöd, mit Gewißheit orientalische Importstücke, sind reich an ikonographischen Schätzen der Dolichenus-Darstellungen. So sind uns mehrere Abbildungen der hier dargestellten Gottheiten wie Sol und Luna, bekannt (Brigetio, Savaria); auch die sogenannte Castor-Gestalt ist, wenn auch in anderer Auffassung, auf einer Bronzestatuette aus einem unbekannten, ebenfalls ungarischen Fundort vorhanden (Wien, Kunsthistorisches Museum). Die Dolichenus krönende Victoria-Statuetten des Romulianus

---

1) G. Alföldy, o.c..

artifex können unter anderem ebenfalls auf Grund des erwähnten Reliefs rekonstruiert werden. Dagegen kommt der Typus der Marmorstatue in Persertracht in der Kleinplastik nicht vor [1]).

Einen besonderen Platz im pannonischen Denkmalmaterial des Dolichenuskultes beansprucht jene Marmorstatue aus Aquincum, auf der — oberhalb der Dedikation an Dolichenus — Reste der Gestalt der Diana-Nemesis zu sehen sind. Die orientalischen Beziehungen des Kultes der Diana-Nemesis lassen sich aus dem erwähnten, [*Balt*]*i Aug(ustae)* geweiht gedachten, Altar von Brigetio und dem Denkmalmaterial von Carnuntum ablesen.

Auf die Zusammenhänge des Dolichenus- und des Marskultes deuten die erwähnten Prachtpanzerfragmente von Brigetio. Diese können als das Werk eines orientalischen Meisters angesehen werden. Gewiß würden sie von einem hohen Offizier dem Dolichenus gestiftet, damit der Priester des Gottes sie bei der Prozession trage. Ähnlich der gepanzerten, unter einem Baldachin stehenden Gestalt von Kömlöd mochten die Gottheit verkörperde Priesters Gestalten in den Dolichenusprozessionen einhergewandelt sein.

Um eine Verbindung des Dolichenuskultes mit der Verehrung der anderen orientalischen Götter herzustellen, muß man die Wahrscheinlichkeit gelten lassen, daß in Savaria das Dolichenum in der Nähe des Iseum stand, während in Brigetio im Heiligtum des syrischen Gottes eine auf den Mithraskult bezüglichte Inschrift entdeckt wurde. Die Beziehungen der beiden Gottheiten soteriologisch-triumphalen Charakters werden durch den Umstand erhellt, daß in Brigetio auf der jüngst entdeckten Bronzetafel die sieben Planetengottheiten und die Darstellungen der Jahreszeiten auf syrische Analogien hindeuten [2]). Es ist bekannt, daß hier auch die Syrer an dem Mithraskult teilnahmen (man denke nur an Marianus, den Stifter der erwähnten Inschrift); das macht annehmbar, daß die in Brigetio ansässigen Syrer die religiösen Vorstellungen

---

1) Eine im Wiener Kunsthistorischen Museum aufbewahrte Bronzestatue, angeblich in Ungarn gefunden, wie von A. H. Kan, 75, Nr. 100 behauptet wird, trug eine phrygische Hose; demgegenüber bemerkt P. Merlat (112, Nr. 124 und Taf. XI, 1) mit Recht: ,,je ne puis affirmer qu'il ait des pantalons orientaux''.

2) Vermaseren, *CIMRM* II, Nr. 1727 mit Literatur.

der syrischen Astralsymbolik in den Mithraskult verflochten. Anders verhält es sich mit Savaria, das als Nicht-Militärkolonie dem Mithraskult gegenüber denjenigen der Isis und des Jupiter Dolichenus bevorzugte. In Aquincum dagegen bleibt das bisher in situ gefundene Material des Dolichenuskultes hinter dem des Mithras an Reichtum zurück.

Im Zusammenhang mit dem Dolichenuskult in Aquincum war von der — im Denkmalmaterial einzigartigen — Verknüpfung des Ba'als von Doliche und des Ba'als von Heliopolis die Rede. Wie bereits bemerkt entsprang der eigenartige Synkretismus der beiden Gestalten der Sehnsucht nach einem universellen Gotte. Diese monotheistische Richtung war das Ergebnis der besonderen sozialen und religiösen Verhältnisse des III. Jahrhunderts. Übrigens steht die gemeinsame Verehrung der beiden Ba'als in Pannonien nicht allein: eine ähnliche Inschrift ist aus Municipium Latobicorum bekannt [1]). Es ist sogar möglich, daß Jupiter Heliopolitanus auf einer Dolichenus-Inschrift von Carnuntum auftritt [2]). Doch kommt es wie zu einer Verschmelzung in eine Form, stets tritt er als Paredros auf. Auch in Syrien selbst ist der gemeinsame Kult der beiden Götter nicht unbekannt [3]).

Die Verehrer des Jupiter Heliopolitanus rekrutierten sich ebenfalls aus den Kreisen des Militärs, doch darf — wie Franz Cumont als erster bemerkte [4]) — die Rolle der Sklaven dabei nicht übersehen werden. Es war ja gerade ein aus einem *servus* gewordener *augustalis*, der Syrer M. Titius Rufus, der zu Carnuntum dem Jupiter Heliopolitanus und der Venus Victrix eine gemeinsame Inschrift stiftete. Übrigens ist hier auch die einzige Kaiserstatue entdeckt worden, auf der diese Gottheit abgebildet ist [5]). Venus Victrix ist — wie schon betont — gewiß die romanisierte Atargatis-Dea Syria. Ihr Kult in Carnuntum wird durch zwei Inschriften dokumentiert, deren eine auf die Rolle der Göttin

---

1) A. H. Kan, 64 ff, Nr. 66; P. Merlat, 76, Nr. 73.
2) Das Problem der Lesung der Inschrift s. P. Merlat, 105 ff, Nr. 113, vgl. noch M. Pavan, 526, Anm. 2.
3) Vgl. J. Frank Gilliam, *The excavations at Dura Europos, Preliminary Report of the IX season of work* 1935-36, III, 1952, 119 ff, 977, Pl. XX, 2.
4) Fr. Cumont, *Die orientalischen Religionen*, 129.
5) E. Swoboda, *Carnuntum*, 17 und Taf. XLVIII; 246, Anm. 5.

als Städteschützerin hindeutet. Dieselbe politische Stellungnahme, die den Hintergrunde der *Genio Candidatorum Veneri Victrici* geweihten Inschrift abgibt, spielte — mutatis mutandis — eine entscheidende Rolle im Votum des *C. Iul. Sextinus* zu Aquincum, der im Einverständnis mit den Leitern des Munizipallebens der Dea Syria und der Baltis einen Arcus errichten ließ, wobei er natürlich auch des Jupiter Conservator nicht vergaß. Wie erwähnt, kamen mit Ausnahme einer einzigen, in Dazien gefundenen fast alle der Baltis geweihten Inschriften in Pannonien ans Licht, sodaß Ruggiero die Göttin geradezu „divinità pannonica" nennen konn-te [1]). Zweifellos ist die in Pannonien verehrte Baltis nicht die Göttin von Oshroëne, sondern ein weiblicher Ba'al, Göttin-Mutter und Liebesgöttin, die eben auf Grund ihres Charakters als Götter-mutter in Arrabona gemeinsam mit Arvis, der lokalen Göttin der fruchtbaren Felder, verehrt wurde.

Der einzige der Göttin im Okzident errichtete Tempel befindet sich in Aquincum, wo nach dem Muster des alten Heiligtums der Tempel Balti Deae et Diasuriae an einem See lag. Die anderen Inschriften der Baltis kamen alle im Nordosten des Donaulimes ans Licht, was wieder Fr. Cumont recht gibt der von den Syrern festgestellt hatte: (sie) „folgten den Handelsstraßen und wanderten an den großen Flüssen hinauf" [2]). Der Kult der Baltis wird von der bürgerlichen Bevölkerung (vielleicht Kaufleuten) und den Frauen gepflegt.

Die Darstellungen der Dea Syria-Atargatis melden sich in Pannonien in romanisiertem Gewande (der Arcus von Aquincum). Doch hat der Venuskult der Syrer auch noch eine andere Erschei-nungsform. Man denke an jene Vota aus Blei von Brigetio und Savaria, auf denen die Göttin in scheinbar klassischer Form erscheint und wo nur einige Motive auf orientalischen Ursprung deuten. Die Blei-Vota, diese charakteristischen Beispiele für den gemeinsamen Kult der Göttermütter, sind die wichtigsten Doku-mente im religiösen Vermächtnis der ärmeren Klassen. Sie sind ein Beweis für die Verknüpfung illyrisch-keltischer, hellenistisch-ägyptischer und syrischer Kulte und eben darum ein wichtiges

---

1) E. de Ruggiero, *Diz. ep.*, I (1), 972.
3) Cumont, 125.

Denkmal der die spätantike Religiosität vorbereitenden geistigen Strömungen. Der Verbreitungsweg ihrer Verehrung ist ebenfalls der Verlauf des Donaulimes: die Vota aus Blei erscheinen bis an die untere Donau und sind ein zuverlässiger Wegweiser für die Route des syrischen Handels im Donaubassin.

Der astral-kosmische Charakter der syrischen Kulte von Pannonien erhellt am besten aus der Verehrung des Sol Elagabal. Das Erscheinen dieses Gottes (auf einer der Inschriften *deus patrius*) im Donaugebiet muß mit der in Intercisa stationnierten Cohors von Hemesa verknüpft werden. In Brigetio wird er dagegen von den Soldaten der *legio I adi.* (auf einer im Jahre 249 gefertigten Inschrift) mit dem Titel Ammudates beehrt, was darauf deutet, daß diese Soldaten im syrischen Feldzug Gordianus' III. bis nach Ammuda gekommen waren [1]). In Intercisa tritt Diana Tifatina als Paredros des Elagabal auf (die Inschriften des Jahres 199 bezeugen es). In Brigetio ist sein Gegenstück nicht bekannt. Und sonderbar, die pannonischen Denkmäler dieses Gottes fehlen gerade aus der Zeit der Regierung des Kaisers Elagabal (das späteste in Intercisa ist aus dem Jahre 214). Dort kann diese Lücke im Vorkommen auch mit der *damnatio memoriae* dieses Kaisers zusammenhängen.

Die mithraischen Beziehungen des Sol-Kultes sollen hier nicht besprochen werden. Dort darf man die wichtige religionsgeschichtliche Tatsache nicht übergehen, auf die bereits J. Hampel und später T. Nagy hingewiesen haben, daß nämlich die den Kult der Reitergottheiten des Donauraumes verewigenden thrakischen Bleitäfelchen um die Mitte des III. Jahrhunderts um neue Elemente bereichert wurden. Auf ihnen erscheint über der zwischen den beiden Dioskuren, bezw. Kabirenreitern befindlichen Atargatis artigen Frauengestalt Sol, in der quadriga stehend was auch mit der letzten „Renaissance'' des Sol-kultes, der Aurelianischen Sonnenverehrung, zusammenhängt [2]).

Von den orientalischen Aspekten des Jupiter blieb Tavianus

---

1) Vgl. Ritterling, *Legio* in *PWRE* XII, 1399; s. noch: *Thesaurus Linguae Latinae*, I, p. 1941 *Ammuda, Ammudates*; Commodianus, *Instr.*, 1, 18, 3: *Ammudatemque suum cultores more colebant, magnus erat illis, quando fuit aurum in aede''.... etc.*

2) J. Hampel, in *AÉrt.* 32, 1912, 348 ff; T. Nagy, 28.

(in Carnuntum verehrt) eine Lokalgottheit, wogegen Dolichenus und Heliopolitanus, diese romanisierten Formen der syrischen Baʿals, zu universalen Gottheiten wurden [1]), obgleich sie in Namen und Erscheinungsform bis zuletzt ihren ursprünglichen Charakter beibehielten. Dagegen zeigt *Deus aeternus* von Palästina schon den Übergang vom Henotheismus zum Monotheismus. Franz Cumont betont bei der Untersuchung dieser Gottesgestalt: „Die syrischen Priester . . . verbreiteten in der römischen Welt die Idee, daß Gott ohne Anfang und ohne Ende sei, und trugen so, ähnlich wie der jüdische Proselytismus, dazu bei, . . . die Autorität eines religiösen Dogmas zu geben" [2]). Der in Pannonien verehrte *Deus aeternus* weist dieselben Aspekte auf: In Intercisa erscheint er zusammen mit dem Alexander Severus und der Iulia Mammaea als romanisierter Jahve; im zweitgrößten syrischen Zentrum, Brigetio, wird ihm das Attribut magnus beigelegt. Für das Vordringen dieses Gottes im pannonischen Raum ist bezeichnend, daß die Juden an vielen Orten des Limesweges (Solva, Aquincum, Intercisa, Siklós) mit den Syrern gemeinsam auftreten. Doch trifft man auch im Verlauf der Bernsteinstraße auf nur ihnen eigene Denkmäler (Savaria). In der Nähe von Pannonien stoßen wir einerseits im Südwesten, in Norditalien, auf die Verehrung dieses Deus aeternus, was die Vermutung nahelegt, daß sich sein Kult längs der Bernsteinstraße, von Aquileia nach Norden verbreitete. Andererseits tritt er auch in Dalmatien und Moesia auf (eben in Oescus), wo sich auch ein aus Pannonien gebürtiger Archisynagogus findet [3]). Einer der Aspekte des Gottes, *Deus aeternus exauditor*, erscheint übrigens auch auf einer Inschrift von Brigetio. Die Sehnsucht nach universalen, sich um die Sorgen der Menschen kümmernden Gottheiten durchdringt vollkommen die Kulte der romanisierten Syrer. Ein bezeichnendes Beispiel hierfür findet

---

1) Der Vorgang, während dessen die Göttergestalten zu universalen Göttern werden, gilt als Prozeß, der sich aus der einheitlichen Entwicklung der Politik und der Religionsgeschichte ergibt. Vgl. noch dazu O. Eissfeldt, *Der Gott Karmel* in *Sitzungsberichte der Deutschen Akademie der Wissenschaften, Klasse für Sprache, Literatur und Kunst*, I, 1953, (Berlin 1954) Kap. 3.

2) Cumont, 150.

3) G. Kazarov, *Thrake (Religion)* in *PWRE* (II. R. VI. B), 518; über die jüdische Inschrift von Oescus: A. Scheiber, *Corpus IHJ*, 49 ff, Nr. 7.

sich in den Gebieten außerhalb Ungarns in Siscia auf jener Altar-
inschrift, die vom Aurelius Antiochianus dem *Jupiter C(onser-
vator? Culminalis?)* der *Juno O(ptima) O(mnipotens)* und dem Sol
geweiht wurde [1]).

Diese um die Wende des II. und III. Jahrhunderts in Pannonien
so verbreitete soteriologische Religiosität erzeugt in Syrien Götter
wie den in Aquincum verehrten Adonius von Byblos und Azizus
von Edessa, der wiederum in Intercisa und außerhalb Pannoniens
besonders in Dazien verehrt wurde. Vielleicht haben diese leßten
beiden Göttergestalten auf dem Gebiete des heutigen Ungarn ihre
ursprünglich-syrischen Aspekte am besten bewahrt, doch fällt die
Besprechung des Votums *Dis Patris Manalpho et Theandrio*, das
in Pozsony (Bratislava) aufbewahrt wird [2]), nicht mehr in den
Rahmen der vorliegenden Arbeit.

Jedenfalls ist es sehr wichtig, daß die im II. und III. Jahrhundert
in Pannonien, besonders längs der Donaulimes-Linie in den Städten
blühenden syrischen Kulte im allgemeinen in stark romanisierter
Form auftreten. Syrische Gottheiten von der uralten einheimischen
Form, die diese Götter in Dazien beibehalten haben [3]), findet man
hier nicht. Es ist aber auch wahr, daß das einzige in griechischen
Buchstaben abgefaßte inschriftliche Monument der Palmyrener
in Pannonien sich an Bedeutung nicht mit ihren Inschriften in
Dazien messen kann. Im allgemeinen bildeten die pannonischen
Syrer selbst in Intercisa und Brigetio keine so geschlossenen Grup-
pen wie in Dazien die einzelnen Gruppen von Orientalen. Für die
starke Romanisierung der Syrer von Intercisa ist es nicht uninte-

---

1) CIL III 10840, 10841; V. Hoffiler-B. Saria, *Antike Inschriften aus
Jugoslavien*, I, *Noricum und Pannonia Superior*, Zagreb 1938, Nr. 536; M.
Pavan, 511, Anm. 7; Apuleius, *Met.*, VIII, 25 nennt die syrische Göttin
omnipotens und *omniparens*; vgl. Fr. Cumont, 149.

2) CIL III 3668, Gy. Veidinger, 40, Nr. 412. Vgl. die Beziehung des
Kaiserbesuches im Jahre 202 zu dieser Dedikation bei J. Fitz in *Acta Arch.
Acad. Scient. Hung.* 11, 1959, 262: ,,Vielleicht aus diesem Anlaß wurde auch
die Inschrift von Preßburg (Carnuntum?) für das Wohlergehen der Kaiser
durch die beiden arabischen Soldaten den heimischen Göttern Manaf und
Theandrites geweiht, sowie die beiden Altäre durch den *decurio Murselensium*,
M. Aurelius Apollinaris: *I(ovi) o(ptimo) M(aximo) D(olicheno) et deo paterno
Commageno* (CIL III 10243).

3) Vgl. L. W. Jones, 277 ff; 296 ff.

ressant, daß man aus dieser Stadt keine einzige typisch-syrische
Götterdarstellung kennt. Der Grund für die intensivere Romani-
sierung dieses Gebietes als z.B. Daziens liegt nicht nur in ethnischen
Faktoren, sondern hängt von der ganzen sozialen und politischen
Entwicklung der Provinz, ihren engeren Beziehungen zu Italien ab.

Im Einklang mit J. Toutain [1]) muß weiter betont werden, daß
im religiösen Leben der ansässigen Bevölkerung auch in Pannonien
keine Spuren einer Verehrung der großen orientalischen Göttergestalten wie Jupiter Dolichenus oder Heliopolitanus zu finden
sind. Unerachtet aller sozialen und ethnischen Unterschiede ist
es nur den an den alltäglichen Freuden und Leiden der Menschen
teilnemenden orientalischen Göttermüttern gelungen, alle Schichten
der pannonischen Gesellschaft zu durchdringen. Wir hatten Gelegen-
heit, im Zusammenhang mit dem Kulte der Magna Mater und der
syrischen Venus auf die Verschmelzung der eingeborenen Göttermütter mit den hellenistischen-orientalischen Göttergestalten
hinzuweisen.

Der Kult der Göttermütter ist überhaupt eine der vielseitigsten
religionsgeschichtlichen Erscheinungen. Die in verschiedenen romanisierten Formen erscheinenden asiatischen und afrikanischen
Göttinnen gelangen ja um die Wende des II. und III. Jahrhunderts
auch in der offiziellen Verehrung der Kaiserinnen zu immer größerer
Bedeutung. In der Verehrung der schützenden, lebensspendenden
Göttinnen erkennt man also das glückliche Zusammentreffen des
,,allerhöchsten'' Staatskultes mit dem ,,allertiefsten'' individuellen
religiösen Erlebnis.

Ein anderes charakteristisches Phänomen des pannonischen
religiösen Lebens ist die Einschaltung der Orientalen in die lokalen
Kulte. So trifft man unter den Anbetern des Silvanus in Aquincum,
besonders aber in Brigetio und Intercisa auf zahlreiche Orientalen,
die ihren ursprünglichen syrischen Waldgott mit der Gottheit identifizieren, der sie oft das Epithet *sanctus*, oder *deus sanctus* beilegen.

Die Bedeutung der syrischen Kulte erlebt — wie ausgeführt —
um die Mitte des III. Jahrhunderts ihren Niedergang, und von
den orientalischen Kulten wird der Mithrasdienst in Pannonien

---

1) J. Toutain, 70 f.

Alleinherrscher, bis dann unter den Constantini das Christentum sich ausbreitet. Das frühe Christentum in Pannonien weist viele orientalische Züge auf [1]), aus denen man mit T. Nagy folgern kann, daß ,,auch in Pannonien das Christentum vor allem in den dem Hellenismus nahestehenden Kreisen Wurzel faßte" [2]).

[1] Syrische Einflüsse in der altchristlichen Kunst von Pannonien, vgl. Z. Kádár, *L'iconografia dei monumenti paleocristiani della Pannonia*, Budapest, 1939, 59 ff.

[2] T. Nagy, *Gesch. Christ.*, 30.

TAFELN I-VIII

Abb. 1: Bauinschrift und Darstellung syrischer Götter aus Aquincum.

Abb. 3: Dolichenus-Altar aus Sárpentele.

Abb. 2: Altar des Jupiter Dolichenus und Heliopolitanus aus Aquincum.

Abb 4: Dolichenusplatten aus Lussonium.

Abb. 5: Holztafel mit Sol-Darstellung aus der Umgegend von Székesfehérvár.

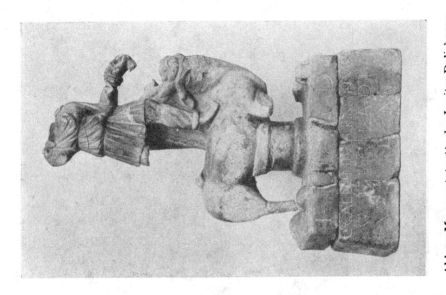

Abb. 7: Marmorstatuette des Jupiter Dolichenus
aus Brigetio.

Abb. 6: Bronzescheibe mit Kybele-Darstellung aus Csákvár.

Abb. 9: Stier aus dem Dolichenum
von Brigetio.

Abb. 8: Victoria aus dem Dolichenum
von Brigetio.

Abb. 10: Jupiter aus dem
Dolichenum von Brigetio.

Abb. 11: Sol aus dem Dolichenum von Brigetio.

Abb. 12: Altar der Baltis und Arvis aus Arrabona.

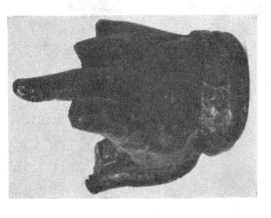

Abb. 13: Sabazioshand aus Ravazd.

Abb. 14: Marmorgruppe mit Jupiter Dolichenus,
Juno Regina und Victoria aus Savaria.

Abb. 15: Relieffragment mit Darstellung der
Dolichenus-Prozession aus Savaria.

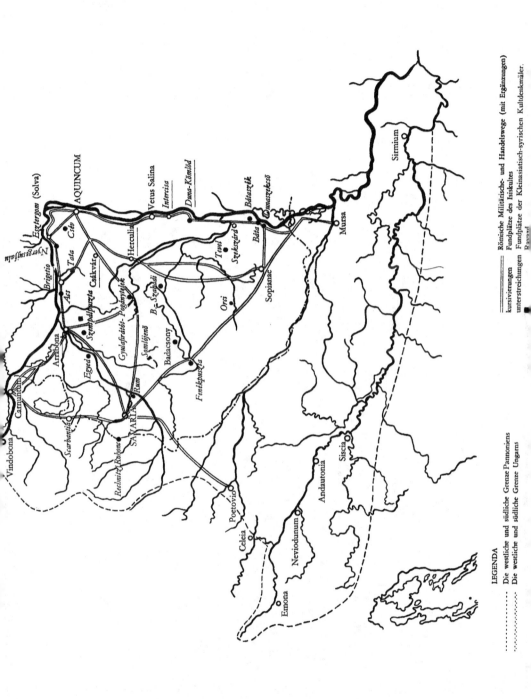

Vindobona
Carnuntum

Scarbantia

Rechnitz-Köhona

SAVARIA
Ram

Arrabona

Egyed

Szombathegya-Poganytelek

Somlójenő

Badacsony

Gyulafirátót-Pogányttelek

B. Szabadi

Fenékpuszta

Brigetio
Ács
Tata
Csév
Szentpálpuszta Csákvár

Nyergesujfalu

Esztergom (Solva)

AQUINCUM

Herculia

Vetus Salina
Intercisa
Duna-Kömlöd

Tevel
Szekszárd
Bata
Báta-szek
Komasz-sző

Orci

Sopianae

Mursa

Siscia

Andautonia

Neviodunum

Poetovio

Celeia

Emona

Sirmium

LEGENDA

.... Die westliche und südliche Grenze Pannoniens

.·.·.·.·.· Die westliche und südliche Grenze Ungarns

——— Römische Militärische- und Handelswege (mit Ergänzungen)
kursivierungen   Fundplätze des Isiskultes
unterstreichungen   Fundplätze der Kleinasiatisch-syrischen Kultdenkmäler.
●   Ravad